中华 爱国 人物故事

ZHONGHUA AIGUO RENWU GUSHI

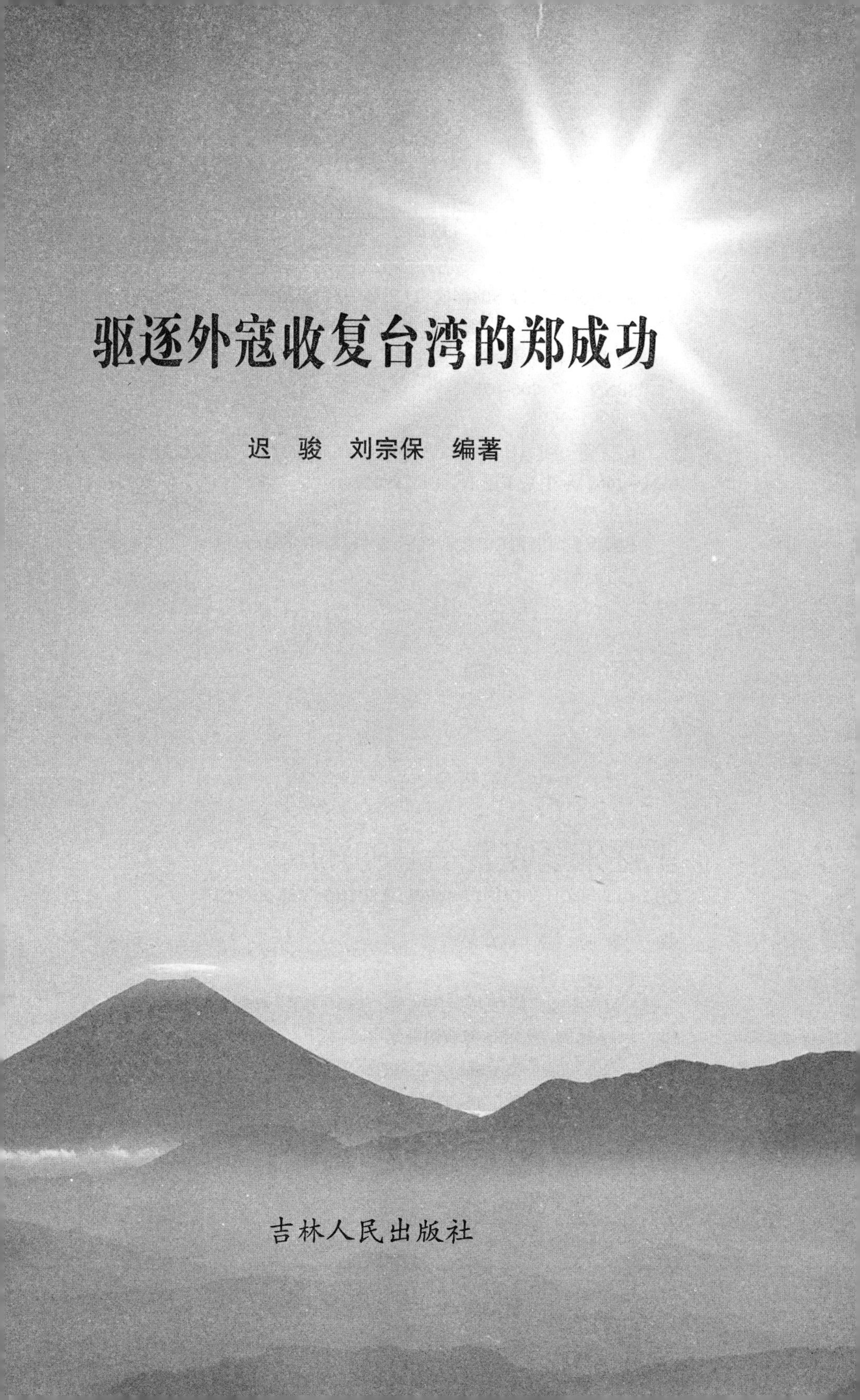

驱逐外寇收复台湾的郑成功

迟 骏 刘宗保 编著

吉林人民出版社

图书在版编目(CIP)数据

驱逐外寇收复台湾的郑成功 / 迟骏, 刘宗保编著
. -- 长春 : 吉林人民出版社, 2011.5
(中华爱国人物故事)
ISBN 978-7-206-07872-9

Ⅰ.①驱… Ⅱ.①迟… ②刘… Ⅲ.①郑成功(
1624～1662) – 生平事迹 Ⅳ.①K825.2

中国版本图书馆CIP数据核字(2011)第075653号

驱逐外寇收复台湾的郑成功
QU ZHU WAIKOU SHOUFU TAIWAN DE ZHENG CHENGGONG

编　著:迟　骏　刘宗保
责任编辑:葛　琳　　　　　　　封面设计:七　洱
吉林人民出版社出版 发行(长春市人民大街7548号　邮政编码:130022)
印　　刷:鸿鹄(唐山)印务有限公司
开　　本:670mm×950mm　　　1/16
印　　张:8　　　　　　　　字　　数:70千字
标准书号:ISBN 978-7-206-07872-9
版　　次:2011年5月第1版　　印　　次:2021年8月第3次印刷
定　　价:35.00元

如发现印装质量问题,影响阅读,请与出版社联系调换。

总　序

胡维革

　　《中华爱国人物故事》是一套故事丛书。
它汇集了我国历史上80位古圣先贤、民族英
雄、志士仁人、革命领袖、先进模范人物的生动
感人史迹,表现了作为中华民族优秀传统的伟
大的爱国主义精神。

　　爱国主义是人们对于"生于斯、长于斯、衣
食于斯"的祖国的一种神圣感情,是人们对于自
己民族的一种强烈的责任感和使命感,是感召
和激励整个中华民族的一面永不褪色的旗帜。
在漫长的历史上,爱国主义一直激励着中华儿
女为祖国的独立、统一、进步和繁荣而英勇奋
斗。从伟大的思想家教育家孔子到统一全国的
千古一帝秦始皇,从秉笔直书著《史记》的司马

迁到鞠躬尽瘁死而后已的诸葛亮,从伟大的浪漫主义诗人李白到精忠报国的民族英雄岳飞,从七下西洋传播友谊的郑和到抗击倭寇的民族英雄戚继光,从苟利国家生死以的林则徐到为变法流血的第一人谭嗣同,从威震敌胆的抗联将军杨靖宇到人民音乐家聂耳与冼星海,从踏遍青山人未老的李四光到万婴之母林巧稚,从县委书记的好榜样焦裕禄到情系雪域献身高原的孔繁森……都表现出了强烈的爱国主义精神。正是由于热爱祖国的人们前仆后继地奋斗,国家和民族才得以生存,历经一次次历史危急关头而能转危为安,走向兴盛和富强,从而屹立于世界民族之林。爱国主义是鼓舞中华儿女历经忧患、跨越沧桑、百折不挠、自强不息的伟大力量,它贯穿于中华民族的整个历史,并有力地凝聚着五洲四海的中国人。

　　爱国主义是一个历史的范畴,在社会发展的不同阶段、不同时期有着不同的具体内容。革命时期,需要我们为祖国的独立自主出生入死;建设时期,需要我们为祖国的繁荣富强增砖添瓦;在全国各族人民团结一心建设富强、民主、文明、和谐的社会主义现代化国家的今天,我们要争做一名新时期的爱国者。新时期的爱国者要有强烈的民族自尊心和自豪感。民族自尊心和自豪感是任何时期任何爱国者都必须具备的情感。民族自尊心能增强我们自立向上的恒心,民族自豪感能树立我们建设祖国的信心。要树立"祖国高于一切"的崇高信念,为了祖国和人民的利益不惜抛却个人的利益,甚至不惜牺牲个人的生命。要树立终身学习的理念,拓

宽自己的知识面，广泛吸收新知识新技术，完善自身的知识结构，更新学习知识的方法与理念，从思想上、知识上充分武装自己，为祖国的繁荣昌盛贡献力量。

爱国主义思想的继承和发扬，是关系到民族盛衰、国家兴亡的根本问题。一代代人爱国主义思想情操的形成，需要不断地培养。培养爱国主义的一个重要途径是向爱国主义的英雄人物和典范事迹学习。这套丛书的出版，对于人们向英雄和先进人物学习，特别是对于在中小学生中进行爱国主义教育，将可提供一些生动的教材。祝愿此书出版发行成功，为培养"四有"新人做出贡献。

于 2011 年 4 月 23 日

世界读书日

中华爱国人物故事

编 委 会

策 划：胡维革　吴铁光
　　　　林　巍　李达豪
主 编：胡维革　邢万生
副主编：贾淑文　吴兰萍
编 委：(按姓氏笔画为序)
　　　　于二辉　门雄甲
　　　　刘士琳　刘文辉
　　　　孙建军　李相梅
　　　　李艳萍　杨九屹
　　　　谷艳秋　陈亚南
　　　　隋　军　韩志国

目录
CONTENTS

目录。
CONTENTS

郑成功的家世与童年

明天启四年七月十四日（1624年8月27日），日本九州平户（今长崎县松浦郡）的一个山村里，一个婴儿呱呱落地。他就是后来成为民族英雄的郑成功。

郑成功怎么会出生于日本呢？这不得不从他的家世说起。

郑成功的远祖是河南荥阳人，相传在西晋永嘉年间南迁，子孙分别定居在福建漳州、泉州和广东潮州一带。其中一支居住在福建泉州府南安县石井乡。郑成功的祖父郑绍祖是个读书人，但连秀才都

郑成功画像

位于郑成功故乡福建省南安市石井镇西侧的泉州郑成功纪念馆。

没考中，仅在泉州府做个小府吏，家境并不宽裕。他的妻子黄氏是澳门牙行（经营对外贸易的商行）商人黄程的妹妹。郑绍祖生有四子，长子郑芝龙就是郑成功的父亲。（郑芝龙三弟郑芝麟早死，不为人所知，所以通常被认为四兄弟。分别是郑芝龙、郑芝虎、郑鸿逵、郑芝豹。）

郑芝龙号"飞黄"，按当地习俗被称为"一官"。他从小聪明过人，却不爱读书，舞拳弄棒、吹拉弹唱却高人一等。当时福建一带的海上贸易非常发达，受此影响郑芝龙对经商很感兴趣。18岁时，他远离家乡，从泉州搭乘商船到澳门投奔舅父黄程。之后，郑芝龙便跟随黄程经商，往来于日本、吕宋（今菲律宾）等地。在此阶段，他不但积累了一些从商经验，更掌握了葡萄牙、荷兰等国的语言，为他从事海外贸易活动打下了初步的基础。

明代实行重农抑商政策，压制私人对外贸易的发展，因此16—17世纪以来，出海谋生的人，既要冒风涛之险，又要抵抗官府的迫害和倭寇以及西方殖民主义者的劫掠，不得不武装自己。很多出海贸易的商人多拥有武装，明朝统治者鄙称他们为"流人"或"海盗"，严加取缔和剿捕，所以海商的活动便带有走私性和危险性。

大约在明天启二年（1622年）郑芝龙离开澳门到达日本，

郑芝龙

郑芝龙

台湾省台南市郑氏家庙里的郑成功母子雕像

他先住在长崎，后迁居到商业发达的平户岛，并在此娶妻生子，他的第一个孩子名为福松，就是日后名扬中外的民族英雄郑成功。

关于郑成功的降生，有很多传说，一说其母田川氏临产之际，梦见大鱼入腹，街坊四邻见他家光焰烛天，都认为此子来历不凡，纷纷前来祝贺；一说田川氏在临产前到海滨捞拾蛤蚌，突然腹痛，来不及回家，便在海滨松原下的一块大石上分娩，所以这个婴儿取名福松。郑成功成名后，当地人便将此石命名为"儿诞石"。如

儿诞石

今，它已经成为日本平户的一处著名古迹。

郑芝龙办事干练，社会交际广泛，和当时的葡萄牙、荷兰殖民者、日本武士、中国海盗都有接触。当时李旦是中国最大的海商（海盗）集团的首领。郑芝龙在平户时投靠李旦门下，因其胆大心细，做事能力极强，很快显示出了超群的才能，深得李旦赏识。李旦无子，便收他为义子，不久李旦病死，其大部分资财和部众便归于郑芝龙，于是，他一跃成为海商集团重要首领之一。在日本时，郑芝龙曾与当时另一个海商首领颜思齐结拜为把兄弟，后二人因策划反对德川幕府的行动泄密，被迫逃到台湾。不久，颜思齐病死，郑芝龙又统领颜的部众，并接收了他的大量资财，进一步增强了实力。

郑芝龙以台湾为基地，一面进行垦荒生产，一面组织船上的兵丁进行操练，在海上拦劫商船。郑芝龙的武装船队，战斗力很强，出没于风涛巨浪之间，有丰富的海战经验。郑芝龙集团不断扩大，引起了明政府的不安，同时海上贸易违反了明政府"闭国绝洋"的政策，明政府便多次出动水师征剿，但却屡屡被郑芝龙打败。

朝廷无奈，只好派人招抚他。郑芝龙出于维护和扩大自己的既得利益，以海上兵、船都属于他个人财产为

明代舰船模型

条件，接受招抚。明崇祯元年（1628年），郑芝龙被明朝政府委任为海防游击。

当时海上还有杨六、杨七、钟斌、刘香等海商（海盗）首领，各拥武装，其势与芝龙相差不多，和郑氏的关系也时合时离。郑芝龙为了垄断海上贸易，遂以平灭闽粤海上诸盗为由，借明政府之力，逐个消灭了这些商业对手。郑氏家族从此雄踞海上，几乎垄断了台湾海峡的贸易。在短短几年内，郑芝龙成为荷兰东印度公司在亚洲商业贸易的最强竞争对手。

明崇祯六年（1633年）七月，侵台的荷兰殖民者率

福建省泉州市大坪山上的郑成功塑像

舰进攻厦门，强求"通商"。郑芝龙奋起而迎战，取得大捷。

因剿捕海盗和反击荷兰殖民者有功，不久郑芝龙被擢升为总兵。满朝文武对他刮目相看。从此，他的势力更加强大，地位更加显赫。

此后，郑芝龙利用他在福建的地位，垄断海上贸易，成了富甲一方的人物。他在离泉州40里的安平镇（今福建省晋江市安海镇）建立了庞大的贸易基地，并设置了庞大的私人武装。据记载，当时他拥兵三万余，帆船千余艘。

郑芝龙离开日本后，曾多次派人去接郑成功母子，但都遭到日本幕府的拒绝。当时日本的"海禁"政策规定：日本人不得出国，尤其是妇女。直到郑成功7岁那年，郑芝龙陈兵海上武力相胁，日本当局才允许郑成功回国，但仍留住他的母亲不放。明崇祯三年（1630年），郑成功含泪告别了慈母和幼弟，渡重洋，越大海，回到祖国的怀抱。

少年求学

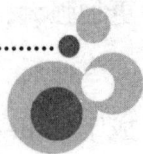

郑芝龙接回了远隔重洋的爱子，甚为高兴。他先带郑成功到南安石井拜谒郑氏祖祠，然后回到了安平。对郑成功寄予厚望的他将郑成功的幼名"福林"改名为"森"，字"名俨"。自此，郑成功开始了另外一种生活。

郑成功故乡南安市石井镇的"延平郡王祠"（即郑氏祖祠）。

为培养郑成功成材，郑芝龙花重金为郑成功聘请了一位很有学问的老师，教他读书识字。

郑成功少年时代，正值明王朝土崩瓦解的时候。老师也是忧国忧民的爱国之士，便常拿英雄志士的诗篇让郑成功学习，以期郑成功能成为济世的英雄。这些忠肝义胆、舍生取义、杀身成仁的志士英豪，在郑成功的幼小的心灵里打下了深深的烙印。

郑成功天赋聪明，涉猎广泛，勤奋刻苦，8岁时会背诵"四书五经"，10岁能写八股文。郑成功从小聪慧颖悟，才思敏捷，关于少年郑成功的聪明才智有不少传说。据说，他11岁时，老师以"洒扫应对进退"为题，让他写篇文章，他稍加思考便写道："汤武之征诛，一洒扫也；尧舜之揖让，一进退应对也。"郑成功以周武王伐商纣比之洒扫，以尧禅位于舜的历史传说，比之进退应对。文章意境开豁，推陈出新，使老师深为惊喜，感叹不已。

有一次，郑芝龙在幕僚宾友的陪同下，乘大船在五马江上游览。郑成功独坐在一个角落里潜心读书。郑芝龙见他在学习非常高兴，一时兴起想考考自己的宝贝儿子，便对郑成功说："森儿，我出个对子，你对对看。"郑成功说："请父亲出上联。""你看对面那只舢板，尽管渔民拼命摇橹，可怎么也没我们快，所以我认为'两舟并行，橹速不如帆快'你对下联吧！"郑芝龙的这个上联

郑成功墨迹

至乐无如读书

养心莫善寡欲

成功书

语带双关，表面上在说"橹""帆"，实际上"橹速"是隐喻周瑜的谋士鲁肃，"帆快"是隐喻刘邦的参将樊哙。其本意说"文官不如武官"。完成这个对，实在太难了。

但郑成功才思过人，很快就想出来了，便对道："八音齐奏，笛清难比箫和。"语音刚落，满座叫绝。他的"笛清"暗指宋仁宗驾下大元帅狄青，"箫和"暗指协助刘邦治国平天下的丞相萧何。其真意是"武将难比文官"。

随着岁月的增添，郑成功又读了《春秋左传》《孙子兵法》等书籍。他习文练武，尤擅骑射。崇祯十一年（1638年），郑成功15岁，考取南安县学，中秀才。

郑成功21岁时，考入了南京国子监，成为太学生。他拜当时著名学者、东林党党魁钱谦益为师，攻读儒家经典，进一步接受封建正统教育。尊王攘夷，忠君报国，建功立业等观念逐渐在他思想深处扎下根来。钱谦益对他很为器重，为他取字"大木"。钱谦益见他才华横溢，极为赏识，视为旷世人才，赞叹说："此人英物，非人所比。"

"国姓爷"的来历

　　明王朝腐朽统治终于等来了它灭亡的命运。崇祯十七年（清顺治元年，1644年）三月十九日，李自成率大顺农民军攻入北京城，崇祯皇帝上吊自杀。统治了276年的明王朝从此灭亡。

　　明驻山海关总兵吴三桂降清，引清兵入关，杀向北京。李自成仓促应敌，大败而归，被迫离京南下，清军乘机占据北京城。

　　清兵入据北京的消息传到南京，江南和由北京南下的大地主、官僚便策划建立明室新政权，以维护他们的阶级利益。五月，以马士英、刘孔昭为首的大地主、宦党官僚拥立福王朱由崧即位，年号弘光，建立了第一个南明政权。但福王政权不思复国，各级官员争权夺势，互相倾轧，以致发生了火拼，致使江北第一防线顿呈空虚之状。清军乘虚而入，血洗扬州，史可法壮烈殉国。

明代抗清名将史可法

顺治二年（1645年）五月，清朝定国大将军、豫亲王多铎率领清兵打进南京，弘光政权灭亡。

郑成功怀着忧国忧民的沉重心情，回到了家乡福建安平镇，这时，郑成功的生母田川氏也被接到中国。

清灭弘光政权后，严厉颁行"剃发"令，以剃发与否作为汉人是否真心归降清朝的标志。按满洲习俗，男子均将顶发四周边缘剃去寸余，中间保留长发，编成长辫一条垂于脑后。这个习俗与汉族男子全部束发不同，早在努尔哈赤时，汉族及其他各族人民，凡是投降满洲的，都要剃发以示归顺。清军入关后，特别是下江南之际，严厉推行剃发令，如有不从，立即军法从事。所谓"留头不留发，留发不留头"。剃发令到江阴、嘉定后，遭到了江南人民的反抗，于是清军进行了血腥大屠杀，死者数万。随着清兵继续南下，长江各地反清义军蜂起，纷纷打出了"反清复明"的旗帜。

六月，在张煌言、张国维等人拥戴下，鲁王朱以海（朱元璋第十子朱檀的九世孙）在浙江绍兴以监国（即监理国政）名义建立政权，控制了浙江东部地区。此外，江上义军还有松江的陈子龙、定海的张名振、太湖的葛麟、宁波的华夏等，特别是浙东四明山以王义为首的义军，声势浩大。

这时，作为一方军权在握的郑芝龙和大官僚苏观生以及明朝礼部尚书

清顺治帝画像

隆武帝朱聿键

隆武

黄道周等人，也于六月，在福州拥戴朱元璋的九世孙唐王朱聿键称帝，年号隆武。唐王隆武政权拥有福建、江西两省。湖北、广东、广西、四川、云南等地的明朝文武官员听到唐王政权建立的消息后，纷纷上表称臣，表示拥戴。隆武帝改福建为福京，改福州为天兴府。隆武帝深知他所以能在福建称帝，完全借助于兵强财富的郑芝龙的支持，因此对郑氏家族格外优宠，以示笼络。他封郑芝龙为平国公，又尊为太师。封郑芝龙弟郑鸿逵为定国公，郑彩（郑芝龙之侄）为建国公。隆武帝还拜黄道周、张肯堂等人为东阁大学士，设六部，封官拜将，建立起隆武政权，号召天下，进行

抗清复明的斗争。

隆武帝一心勤于中兴政务，凡有章奏批答，都亲自为之，不借助于阁臣，而且他生活俭朴，布衣蔬食，约束甚严。

隆武帝即位一个多月后，郑芝龙携郑成功（当时名为郑森）晋见隆武帝。这时的郑成功不仅结交名士，而且目睹了亡国的巨变，经历了险恶的政治风云，在各方面更加成熟了。交谈之中，隆武帝问他："以你之见，我朝应当怎样图治，才能恢复大明一统江山呢?"他引用岳飞的话慷慨答道："依臣看来，只要能依岳少保（宋名将岳飞）所说，文臣不爱钱，武将不怕死，则天下必大定，国运必隆昌。"隆武帝听后，认为此话切中时弊，乃济世之道。他颇有感慨地说："我大明朝有这样的年轻人，何愁不能光复!"隆武帝对这个年轻人很是赏识，于是拍着他的肩说："遗憾的是我没有一个女儿可以配卿，希望卿能尽忠报国。"随即赐他姓"朱"（国姓），并为他改名说："卿本名森，依朕之意，今即改为成功，愿大明社稷成功复兴!"同时委任他为御营中军都督，掌管皇帝内廷卫队，仪同驸马，并协理宗人武事。郑成功既非皇族，又非驸马，可是隆武帝将他视同皇族，待以驸马，固然有笼络实权在握的郑芝龙之意，同时也体现朱聿键对郑成功的器重和厚望。这在封建朝代可谓是特殊的恩宠与

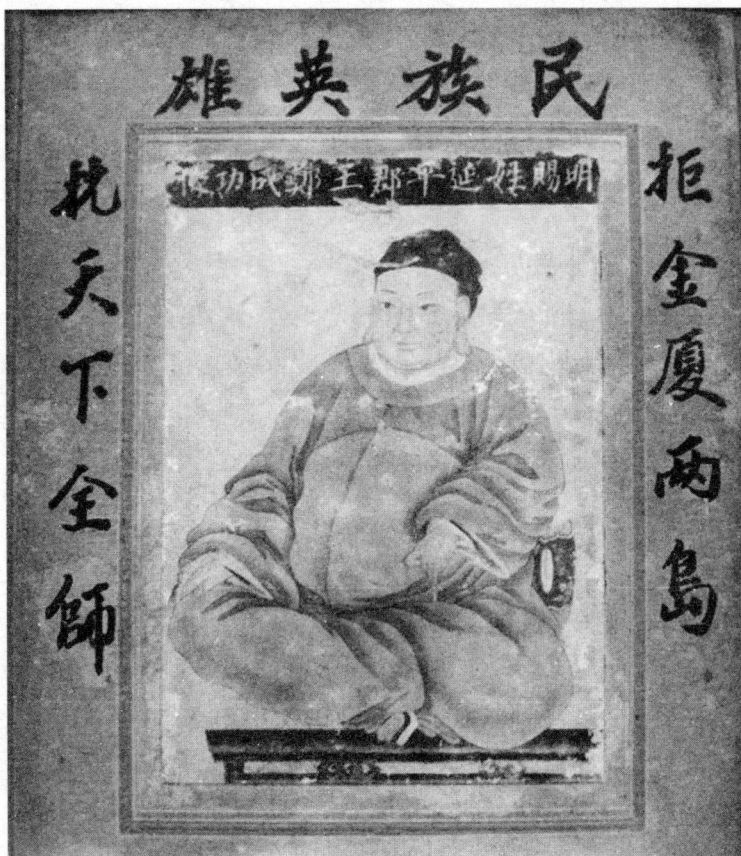

郑成功绣像

荣耀。从此，郑成功便有了"国姓爷"之称。

隆武帝的器重，使郑成功大为感动，恨不能披肝沥胆，以重振明朝。

投笔从戎　驻守仙霞关

　　鲁王、唐王政权建立后，并没有很好地联兵破敌。

　　顺治三年（1646年）正月，清廷任命博洛为平南大将军，率兵进攻福建和浙江，派早已降清的明将洪承畴坐镇南京，以军事和招抚两手，征服东南沿海地区。在重兵进剿下，各地抗清义军先后被清军剿灭。六月，南明江防大将方固安降清，钱塘江防线被攻破，绍兴、温州、金华、台州等浙东要地相继失守。鲁王在张名振的护卫下，南逃浙江舟山。鲁王政权形同瓦解。八月，清军南下进攻福建，直指福建门户仙霞关。

　　隆武帝即位后，原是有心恢复明朝社稷收拾河山的。无奈他兵财两空、形同傀儡。郑芝龙控制的隆武政权，依闽浙交界的仙霞岭为天险，既不肯以实力声援鲁王和江上义军，也不出兵北上抗清，清兵得以顺利占据长江中下游广大地区。

仙霞关位于浙江省江山市保安乡南仙霞岭上，地处福建、浙江、江西三省交界处。仙霞关是与位于四川广元市南的剑门关，位于河南西部灵宝的函谷关及山西省代县的雁门关齐名的中国四大古关口之一。仙霞关以雄伟险峻驰名，素称"两浙之锁钥，入闽之咽喉"，历来为兵家必争之地。

　　此时，博洛决定接受洪承畴等人的献策，招抚郑芝龙。郑芝龙之所以拥戴唐王称帝，并非为中兴明室着想，很大程度上是政治投机。通过拥立，他希望在隆武政权中取得举足轻重的地位，为自己积累了更多的政治资本。现在，清朝大兵压境，南明国势岌岌可危。郑芝龙不再愿为保隆武政权而牺牲自己的实力和庞大的家产。他接到招抚信后，见清廷许以高官，便决定投诚。他私下许诺，当清军来时，肯定会"遇官兵撤官兵，遇水师撤水师"。

察觉到父亲对明室心怀贰志，郑成功非常气愤。

不久，郑成功又向隆武帝递上他经过深思熟虑所写的抗清奏疏，其中列有"据险控扼""拣将进取""航船合攻""通洋裕国"等建议，隆武帝深以为然，晋封郑成功为忠孝伯，赐尚方宝剑，挂招讨大将军印，命他前往镇守军事重地仙霞关。

仙霞关位于浙江、江西、福建三省交界处，是福建的门户、隆武政权防御的要害。此关一旦失守，福建即失屏障。

对于郑成功率兵前往仙霞关镇守的举动，郑芝龙十分恼火。原来，郑芝龙已和清军暗中勾结，答应撤出仙霞关防兵，以便清兵长驱直入福建。

郑成功领旨后，便自带亲兵火速登程。郑

顺治二年，南明礼部尚书黄道周等人拥立唐王朱聿键在福州即位，建立隆武政权，铸行"隆武通宝"。

仙霞关关口

成功到仙霞关后发现此处防守实已废弛。他决心重整防务，誓死守关。从此关上立刻呈现秣马厉兵、剑拔弩张的临战景象。

期间，他写信给郑芝龙，要求增兵增饷，郑芝龙不仅一兵不发，就是粮饷也时断时续。不久，郑芝龙又派心腹蔡辅来关，向之前防守仙霞关的守将其心腹施福传授密令：只要清军一来，立即率守军全线撤退。同时，蔡辅还向郑成功暗示了郑芝龙命他撤军之意，遭到郑成功严厉的斥责。过了几天，郑成功老家又有人送来急信，说是郑成功母亲田川氏病重，思子心切，要成功速归省亲。郑成功不知其中有诈，交代他的部将陈辉、张进等加意守关，自己急忙回乡探亲。

郑成功赶回家中，见母亲并未生病，也不知道送信的事，恍然大悟，知道中了郑芝龙的调虎离山之计。

他立刻辞别母亲，急速带领亲兵往回赶。途中，他们便听到了仙霞关失守的消息。原来在郑成功走后，施福立即拿出郑芝龙的手谕，命令守关兵马全部退进关来。

在郑芝龙下令尽撤仙霞岭200里防线之兵后，八月，清将博洛率军顺利越过仙霞关，进逼福州。在福州吃紧之际，郑芝龙给隆武帝朱聿键上奏，假称海盗侵袭安平，他必须回师急救。奏章递上，不等隆武帝批准，他便匆匆率兵而去。清兵南下如入无人之境，隆武帝失去依靠，只得带领少数人马，仓皇自福建向江西出奔，行至汀州，被清军俘获，绝食而死。至此，隆武政权宣告灭亡。郑成功怀着国破君亡，愤恨交加的心情，暂时回到了安平镇。

仙霞关驿站

"焚衣亭"的由来

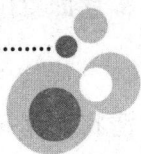

　　顺治三年（1646年）八月，清军大举进攻福建。九月，清军占领漳州、泉州等地。大兵压境，郑芝龙部下纷纷请战，要求与清军决一胜负。正在此时，清将博洛派降清的泉州豪绅郭必昌来见郑芝龙。郑芝龙不无怨恼地向郭必昌说："我郑某献仙霞，撤官军，并无一枪一矢加于清兵，实欲化干戈为玉帛，而今清军却追杀到我的家乡，大军压境，如箭在弦，是否要威吓郑某，以兵戎相见呢？"郭必昌此来，是遵博洛之命，先稳住郑芝龙，以便顺利消灭他的全部兵力，因此便假惺惺地说："太师不必误会，我这次正是秉王爷之命，前来奉告太师，闽粤总督的大印就将铸成，不日必将奉上。王爷希望尽早与太师亲自晤谈，以便商谈具体事宜。"郭必昌还痛快地答应在三天之内撤退围困安平的清兵。郑芝龙利令智昏，对博洛的缓兵之计毫未察觉，尽释疑虑焦灼的心情，欣

泉州郑成功纪念馆内的展厅

然召集部下商议降清之事。

郑成功得知此事后，急怒交加。在明朝，儒家思想的教育尤以忠君为先。郑成功自幼习儒，参加过乡试，进过太学，可以说忠君思想在他的头脑中根深蒂固，而隆武帝对他的恩遇更使他产生了鞠躬尽瘁、死而后已的报国之心。他劝阻他的父亲说："闽粤两省山多路险，和地势平坦的北方不同，清兵在此无法施展它的骑射所长，我们只要凭险而守，招兵选将，稳定人心，就可安定根本，同时扩大海外贸易，以充军饷，打败清军，定可稳操胜券。"又说："虎不可离开山林，离山则失其雄威；

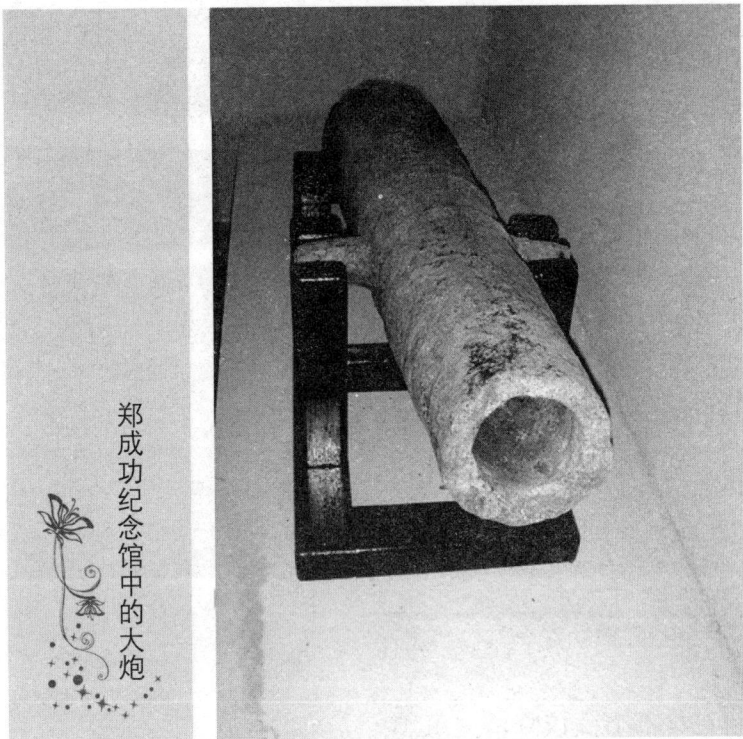

郑成功纪念馆中的大炮

鱼不能离开水渊，离则困死，请父亲务必三思。"郑芝龙此时哪里听得进这些话，他拂袖而起，斥之为狂妄之言。郑成功又去找他叔父郑鸿逵商量，郑鸿逵对郑芝龙降清之举也非常反对，前去劝阻说："兄有甲兵数十万，又拥有精锐的水师，船舶如云，粮饷丰足，自可独树一帜，何必向清朝俯首归降呢？"郑芝龙依然执迷不悟。为防止郑芝龙强迫他一起降清，郑成功决定和郑鸿逵、郑彩等人率领部众连夜离开安平，乘船开往金门海岛。

郑芝龙一意孤行，对郭必昌所言深信不疑，决定只

带500名护卫去福州会见博洛。临行前写信给郑成功，命他同行。郑成功回信说："从来为父者都应该教子以忠，坚守气节，未闻教育子孙做心怀贰志不忠之人。今大人不听儿言，降清后倘有不测，遭清杀害，儿只有缟素报仇而已。"郑芝龙见信非常恼怒，但事已至此，也无计可施，便带着小儿子去了福州。

郑芝龙到福州后，博洛假意殷勤，热情款待。宴席之上，他命侍卫捧上一盘，盘中放箭一支，对郑芝龙说："将军是当今豪杰，我闻名已久，只恨无缘相见，今日天赐良机，小弟愿与将军结为兄弟。按照大清的习俗，要一起折箭为誓。"郑芝龙视为殊荣，喜不自禁地说："能与将军义结金兰，折箭为誓，当是人生快事。"于是二人共同把箭折断，又饮了血酒。博洛宣读了顺治皇帝任命郑芝龙为闽粤总督的御旨。郑芝龙兴高采烈，当晚，便按清朝规矩，剃发留辫，换着旗装。就在他陶醉于终成清朝新贵的美梦中时，博洛把他的500名卫队拆散，分别派往各族营地。郑芝龙为了答谢博洛的"厚谊"，在太师府连摆三日盛宴，竭诚宴请清军官将。博洛很清楚在郑芝龙诸子中郑成功不可小看，一直等郑成功前来，但了解到郑成功不愿降清之后，于第三天夜半，突然对郑芝龙说："圣上想及早召见你，我们必须立刻动身北上。"郑芝龙顿感大事不妙，想拖延时日，说："去京城叩见圣上是我的夙愿，但是我的子弟们并非驯良之辈，倘若见我北去，他们拥兵海上，又将如何呢？特别是我子大木（即郑成功）尚未就抚，请将军再给我一段时间，等我招抚大木后，一定随将军北上。"博洛知道他的用心，是想以子弟拥兵相威胁，便说："此与尔无与，亦非吾所虑也。"不予理睬。这时，郑芝龙方自后悔。

十月，博洛率军进抵福建安平，大肆烧杀淫掠。郑成功的母亲田川氏来不及逃走，恐遭侮辱，自缢而死（一说田川氏遭清兵侮辱后，自杀而死）。

清兵涂炭安平和田川氏惨死的噩耗传到金门后，郑成功怒发冲冠，立即回师兴讨。清兵在安平看见郑氏战

郑芝龙当过南澳总兵，这是南澳岛上的芝龙坊。

船，连樯而来，杀声震天，被此声势所震慑，便退回泉州。郑成功回到安平，所见均是一片劫后惨景。他悲不自抑，号啕痛哭，部将兵丁们也都泣不成声。遭此巨变，郑成功通宵难寐。

他怀着万分悲愤的心情安葬了母亲，并在母亲墓前立下重誓：誓报国恨家仇，抗清到底。

郑芝龙在安平所建的星塔。郑成功年少时曾在此处读书。

国家的危亡，父亲的投降，慈母的惨死，清兵的残暴，使郑成功悟出了一个道理，只靠苦读诗书，于救国救民并无所补。如今国破家亡，生灵涂炭，以武力驱逐清敌才是当务之急。于是他决心弃文从武，起兵兴师以报国恨家仇。

一天，他带着自己穿戴过的儒巾蓝衫，来到了文庙，要在这里与至圣先师告别。文庙是纪念和祭祀孔子的祠庙，每个读书人都要在此朝拜先师孔子。当年，郑成功考中南安县学为廪生时，就曾在这里拜领儒服。

当时的县府设在丰州，孔庙也就设在此州镇旁。由于连年战乱，人们已无法安心读书，再加上这文庙处于山野之中，这时就更加显得荒凉、凄清。

郑成功来到孔庙，恭敬叩拜后，泣不成声地说："昔为儒生，今为孤臣，向背去留，各有所用，请先师谅鉴。"说罢，命人把带来的儒服点火焚掉，自己换上铠甲，佩上宝剑，义无反顾地慷慨而去，自此他走上了武装抗清之路。

人们为了纪念郑成功，就把他曾焚烧过青衣、投笔从戎的文庙改名为"焚衣亭"。这座文庙的遗址至今犹在，现位于泉州市北峰街道丰泽区丰州的魁星阁下。

郑成功焚青衣处

招贤纳士　扩充军力

　　自隆武帝殉难，郑芝龙北上投清之后，福建抗清力量无所统属，各自为政。当时宇国公郑鸿逵占据金门，建国公郑彩同弟定远侯郑联占据厦门。海坛、南日、南北二茭、舟山等岛，都由鲁王派兵把守。其余诸岛也被其他人所据。

　　郑成功安葬了母亲，从悲痛中奋起。听说清军又在安平城外设营扎寨，便以隆武帝所赐招讨大将军职衔，担任安平驻军主帅，

厦门鼓浪屿皓月园覆鼎岩上的郑成功巨型石雕像。

每日巡视防务，整武练兵。郑芝龙投清之后，郑氏家族的军队已经土崩瓦解。郑成功清点兵员后发现，此时城中能战之兵仅有数千。他知道以此区区之兵，困守孤城，不是长久之计。而且兵微将寡，也难成中兴大业。他认为当务之急就是扩充兵力。他和部将洪政、陈辉、张进等商议后，决定马上招兵买马、招纳贤才。

郑鸿逵主动承担了招集郑家旧部，联络占领厦门岛的郑彩、郑联兄弟俩的任务。郑成功则在安平竖起"杀父报国"的大旗，招集安平附近的青壮年参军。很快，郑成功在安平便召集了300多人。

至今，福建一带还流传着不少关于郑成功招贤纳士的故事。

在泉州西门外潘山村（今招贤社区）以北，有一座长约十丈的石桥，凌驾于流经泉州、汇入大海的东溪之上。此桥至今犹存。据说，郑成功揭竿起义时，曾命张进在此招募志同道合的义士。当时，张进带着两个亲兵在桥头竖起了一面招贤旗。桥上摆了一张方桌，上面放置一碗清水，一段残烛和一副火刀、火石。头两天，在桥上经过的人看到这般情景，不知有何用意，只是好奇地看看就过去了。第三天的中午，当地一位渔民路经此处，他看了看桌上的东西，又看了看招兵的旗帜，稍假思索，几步走到桌前，拿起宝剑将那盛满清水的碗击碎。

他又拿起火刀、火石点燃了断烛。在旁守卫的亲兵赶忙去报告张进。

张进急忙赶来，问大汉道："壮士以剑击水，以火燃烛，不知有何用意？"此人答道："宝剑击碎清水，以喻'反清'；火石点燃蜡烛，以喻'复明'。小的愿随国姓爷，以尽微薄之力。"据载，此人名

现潘山村遗址

为陈发。在他的带动下，当地许多年轻人都投奔到了郑成功的军中。

在安平完成招兵后，郑成功又决定亲自去南澳（广东、福建交界处的一个岛屿）招兵，因为这一带海岛有不少郑芝龙的部下，他们有兵有船，只因不愿随郑芝龙降清，愤而出海，暂在岛上安身。顺治三年（1646年）秋冬之际，郑成功树招讨大将军旗帜，率文官武将90多人和十几船士兵，扬帆出海，向南澳驶去。

现南澳总兵府旧址前有两棵榕树，左边一棵为『郑成功招兵树』。

　　郑成功在南澳一带招兵，进展得很顺利，共招将士13 000余人，大船28艘，小船无计。

　　郑成功在招募士兵同时，还广泛地开展了"招贤"活动。他知人善用，以诚相待。这样一来，各路英雄一齐投奔而来，郑成功麾下一时间谋臣如云、猛将如雨。据史料记载，后来名振南国的大将甘辉、当过明朝都察院御史的沈佺期、后来威震敌胆的大将陈豹等都是在这时加入郑军的。

这年的十二月初一，烈屿（今福建金门）上空旗帜飞扬，郑成功在此誓师会盟。郑成功与众将士身穿戎装，先向明朝开国皇帝明太祖朱元璋的神位，行礼叩拜，然后庄严宣誓；"本藩（郑成功自称）乃明朝之臣子，缟素应然；实中兴之将佐，披肝无地。冀诸英杰，共伸大义。"意思是说，本藩是大明朝的臣子，今国破君亡，服

南安市石井镇的"海上视师"石刻。郑成功曾在此誓师。

君国之孝，报仇雪恨，是应尽的职责，担负中兴的大任，当肝脑涂地，生死以赴，希望各路英杰，能与本藩同心，共伸大义，至死不渝。"

大军在烈屿过了年后，于1647年初移师厦门（当时称中左所）鼓浪屿。

顺治三年（1646年）九月，清军开始向西南腹地进兵。清朝统治者打算以最短时间消灭全部反清力量，兵锋所至，展开血腥屠杀，这激起了汉族和其他少数民族人民的顽强反抗，促使农民起义军与抗清的地主武装联合。同年十二月，明两广总督丁魁楚、广西巡抚瞿式耜、湖广总督何腾蛟、湖北巡抚堵胤锡等组织了西南抗清力

厦门鼓浪屿的郑延平王水操台故址

水操台是郑成功操练水师的指挥台

量，拥立桂王朱由榔即位于广东肇庆府，建立永历政权。这一政权是西南地区地主阶级抗清各派的联合政权，也得到了李自成农民军余部郝摇旗、高一功、袁宗第等人的支持。他们在岳州和全州等地重创清军，牵制了清军的迅猛南下，客观上为郑成功在闽粤沿海的起兵创造了有利条件。由于当时兵荒马乱，交通阻隔，桂王即位的消息，郑成功没有及时得到，他仍用隆武年号。

顺治四年（1647年）初，郑成功在厦门附近的鼓浪屿募兵。四方忠义之士，纷纷前来投效，不几天便募集数百人。

五月，他进驻厦门，在此设演兵场，命部下严加操练，同时建军设职并联络各岛，制订作战计划，做大举出兵的准备。

047

抗击清军　游战南国

　　顺治四年（1647年）七月，郑成功联合郑彩、郑联兄弟，进攻海澄。清军入福建后，海澄一度成为清廷与残明势力争夺之地。郑军这次进攻，只攻破了九都地方，因计划不周，清军援兵又及时赶到而失利。洪政中流矢受重伤，监军杨潢阵亡。郑成功不得不退兵。

　　郑成功整顿兵马，准备再战。郑鸿逵一方面欣赏郑成功不怕挫折的勇气；另一方面又担心郑成功行动鲁莽，万一孤军深入，会给清军造成可乘之机，便写信给郑成功："凡事先要有稳困的基础，然后求发展。现在你只占据安平这个弹丸之地，又没有天险可以依靠，一旦清军攻打过来，你怎么办呢？你应该火速回师，我领军相助，我们两军合力攻下泉州，做暂时的安身之地。然后养兵蓄锐，攻打清军之不备。"郑成功觉得叔父的建议很有道理，当即回兵安平。

泉州城当时是晋江县的县城，也是泉州府郡治的所在地，是泉州府政治、经济、文化的中心。如能攻下泉州城，对控制整个泉州府非常有利。

八月，郑成功与其叔父定国公郑鸿逵亲率兵将，屯兵于泉州城涂门外的桃花山（今泉州市丰泽区东海镇桃花山森林公园），做进攻泉州城的部署。

清朝福州提督赵国祚驻守泉州，他认为郑成功年轻无能，不过率领一群海盗而已，一战即可将其击溃。他率领骑兵500人，步兵1500人，分两队前往桃花山迎战。一队人马从涂门出发，一队人马从东门出发，直冲

东石寨位于晋江市东石镇。郑成功曾率领义军，在此安营扎寨、操练水师。

郑成功营垒而来。

郑成功见清兵杀来，便令洪政、陈新两员大将迎战。战斗从早晨一直打到中午，双方一直未见胜负。郑鸿逵见不能立时取胜，便命林顺从旁夹攻。同时郑成功也命余宽出奇兵截杀清军。清军经不住郑氏大军的勇猛攻击，阵势大乱，郑成功乘胜追击，清军大败而逃。郑军追至城下，后鸣金收兵。

从晋江县境横穿的晋江流域下游南岸，有个溜石村。溜石村落虽然不大，但在溜石村附近的溜石山上，却建有一座"溜石铳台"。周围二十余丈，高一丈四尺，下层

泉州市桃花山森林公园一景

泉州崇武古城

有铳眼十八个，配备炮十八门；上层设铳眼二十个，配备百子铳佛朗机四十门，可以居高而发。溜石铳台又有清军把守，故被称为"郡城山水第一关"。

郑军每次从桃花山下来攻击泉州城，清军镇守溜石铳台的参军解应龙都出兵救援，这使郑军不能全力攻城。于是，郑成功决定设计除掉这个隐患。因此，郑成功与其叔父郑鸿逵商议说："解应龙在于溜石寨做犄角势，此城（指泉州城）难攻，叔父可督兵攻城，解应龙必来援，侄（郑成功自称）遣水师一阵，由桑一筵同北辉暗袭其寨（指溜石铳台）；另命郭新、余宽暗伏其寨中途，俟彼回救，齐起夹攻，擒其必矣。"此计得到了郑鸿逵赞同，并立即进行了部署。

择日，郑鸿逵率领郑军猛攻泉州城。赵国祚见郑军攻城，急忙呼救。解应龙果然率溜石铳台的精兵再来援助泉州城内的清军，当解应龙走到中途时，得到快马来报，说郑军正在攻打溜石寨。他急忙率军回救，路上郑军伏兵突然冲出。解应龙所率人马被团团围住，他本人被郑军打死。溜石寨也被攻破了。

经此役后，郑军士气大振。自此赵国祚不敢轻视郑军，加强防守，日夜在城内巡察。

泉州古城

郑成功见解应龙被歼,已无后顾之忧,便亲自督阵,攻战泉州城。

清漳州守将王进,绰号"王老虎"。听说泉州被围,他以"唇亡齿寒"的道理说服了总兵杨佑,答应了他援助泉州城的要求。为了防止漳州被郑彩军队攻击,王进只带了1 500人前往泉州。

王进将骑兵500名、步兵1 000名,分成了三队。第一队佯装攻击安平。因为安平是郑成功的根据地,郑成功肯定会回兵救援。这是采取"围魏救赵"的办法,以分割郑成功的兵力。第二队,相机而动。第三队作为援兵。事先派人假称王进将率大队人马,会合潮州援兵数万人,抵达泉州城下,攻击郑军,虚张声势,以解泉州之围。

王进此计,果然起了作用。郑成功得到消息后,马上与郑鸿逵商讨了一番,担心腹背受敌,最后决定分兵回救安平,余部进攻泉州城和防范王进军队的进攻。

王进率漳州清兵到南安大盈,命人制造了进攻安平的假象,自己则悄悄带领骑、步兵,乘夜由冷水井出发,经何坑,到南安,突到泉州城下。郑军洪政率兵出战,败下阵来。赵国祚在城墙上远远望见,知道救兵已到,便命士兵在城上四面呐喊,以造成相助之威。郑鸿逵心虚,以为清军大队人马来到,不敢再战,急忙退回金门。

郑成功纪念币

泉州之围遂解。

王进进入泉州城后，恐郑军知道真相后进而反攻漳州，谢绝赵国祚的挽留，率军急忙返回漳州。

此时，郑成功正把守五陵步口，备战安平，因得报其叔父郑鸿逵已退兵，自己势孤难战，也就不再发兵去泉州援助，便也退回安平。

郑成功回到安平后，侦知真相，追悔莫及。急命几路人马截追王进部队，然而此时王进军队已过去两天了。

泉州之役郑成功虽未获胜，但他在桃花山重创清军，在福建民众中产生了巨大影响。随着他的声望日益提高，许多当地有影响的人士相继前来投附，如原浙江巡抚卢若腾、进士叶翼云、举人陈鼎、武艺精熟的蓝登、通晓谋略的施琅（原名施郎，后投清，改名施琅）及其兄弟施显贵等。这大大充实了郑军的将吏队伍。郑成功对他们礼敬有加，待如上宾，每遇重大事情都征求他们的意见，逐渐形成了一个共同决策的幕僚班子。同时，郑成功凭借其在隆武政权的地位以及郑芝龙的关系，不断扩大军事实力。对不同出身的将领，大体能做到一视同仁，唯才是举。不到一年时间，郑成功就组建了一支兵卒十万余、战船五百艘的声势浩大的军队。

福建省南安市的郑成功塑像

智取厦门　建立基地

顺治五年（1648年）春，郑成功率部进攻同安（同安位于厦门、漳州、泉州之中心地带，今隶属福建省厦门市）。清军与郑军大战于店头山。甘辉挺身出战，斩清军守备于马下。清军溃退入城。夜半二更，同安副将与知县弃城而逃，第二天城中百姓开城门迎接郑军入城。同安攻克后，郑成功任命叶翼云为同安知县，劝说百姓追征粮饷，以助军需；又命陈鼎为县学教谕，传告在学诸生，起义勤王，扩充军队。这时，桂王朱由榔在广东肇庆建立永历政权的消息传到了同安，郑成功十分高兴，举臂高呼："我有君矣！"他即刻命人摆设香案，向西南方向行参拜大礼，连夜写下贺表派光禄寺卿陈士京等人乘船由海道前往广东肇庆奉表朝贺，并呈上了他写的复国条陈。他向永历朝廷报告自己在福建沿海抗清的情况，并表示要与永历帝的兵马勠力同心，协同作战，水陆夹击清军，以期早日重整河山。此后，郑成功留下丘缙、林壮猷、金作裕等率兵驻守同安。自己则统率大队水军，南往铜山（今福建省漳州市东山岛）屯驻，整修战船，演习海战。

五月起，郑军乘胜再次进围泉州，然而一连70天仍未攻下。

得知同安被郑军攻占，清廷立刻下旨，派遣佟鼐、李率泰、陈锦三人督师进攻同安。

郑军驻守同安的将领丘缙等得到消息后，马上与叶翼云、陈鼎商议防守的策略。三人商定誓死守卫同安城，同时向郑成功求援。清军在佟鼐的率领下攻到同安。郑军出城迎战不敌，退守城中。八月十六日，清军攻破同

漳州铜山古城

同安古城墙

安。郑军与清军进行了激烈的巷战，双方死伤惨重。丘缙、林壮猷、金作裕战死。叶翼云与陈鼎被俘，后被杀害。

佟鼎收复了同安，却痛恨同安的百姓支持郑军坚决抵抗，造成清军大量伤亡，便下令尽屠城中百姓，一时间，城中血流沟渠。

而此时郑成功正在铜山，得知同安被困后，他急忙亲率兵马，回救同安。途中，听闻探军来报，同安已被攻陷，诸将战死，全城惨遭屠杀，郑成功不禁痛哭。他设坛遥祭阵亡将士和被杀的军官、百姓，三军无不动容，发誓定报此仇。九月，佟鼎率兵回救泉州，郑军憾然移师于镇海、铜山一带。

这年十月，永历帝遣使封郑成功为威远侯，第二年正月，使臣到达铜山，郑成功从此改奉永历年号。

顺治六年（1649年），郑成功各路兵马经过激烈的征战，攻克了漳浦、云霄镇、诏安等地。七月，永历帝遣使再封郑成功为广平公。

通过几年的征战，郑成功收复了福建的漳州、泉州沿海地区与广东潮州所属的一些地方，虽然他的军事力量得到了不断壮大，但却缺乏一个稳固的后方和长久的立足之地，其部队只得在安平或在厦门鼓浪屿、镇海卫到海澄（今福建省龙海市海澄镇）一带的海岛上训练士兵，整饬船只。

厦门古老的城墙

潮州古城

对此，郑成功深以为忧。他曾说过："我举义以来，屡得屡失……欲择一处，以为练兵措饷之地。"黄海如（追随郑成功的一员猛将）到来后，郑成功与之讨论这个问题，黄海如建议郑成功夺取潮州为根据地，认为潮州城池坚固，便于防守，更重要的是，潮州地域宽广，人多地广，物产丰富，可满足军队所需。为此，郑成功曾一度准备选择潮州地方作为根据地，多次对潮州城发起攻击，但均无功而返。郑成功终于意识到，己方所长是海战，陆上清军的八旗兵剽悍凶猛，势力强大，自己的军队根本无法与之抗衡。于是，郑成功决心像父亲郑芝龙一样，建立一支强大的水师，他将目光投向了厦门和金门这两个岛屿。此地距离部下将士们的家乡不远，如若据有，将其建成稳固的后方基地，不仅军心稳固，更可发挥部队善于海战的特长。

当时，占据金门的是郑成功的叔父郑鸿逵，此时与郑成功的关系尚好。而占据厦门的乃是郑成功的族兄郑联、郑彩，兵力强盛，战舰颇多。郑成功很想袭击郑联，但又担心郑联的战船数倍于己，其部下又多强将，倘袭取失败，反而增加了一个劲敌；且郑联为郑成功族兄，尤恐担杀兄的罪名。

就在郑成功心存犹豫之际，他的一位族叔郑芝鹏前来拜见。此人向来与郑联不睦便劝说郑成功攻打厦门，以作为军事基地。他说："金厦两岛是福建沿海的重要地方，据之可以纵横金、厦、澎一带海面，雄吞同安、漳

坐落在厦门鼓浪屿日光岩北麓的郑成功纪念馆

州，不失通详裕国，探险待取之道，老太师（指郑芝龙）过去曾十分重视这个地方。而现在却被郑联、郑彩据有。此时，郑彩不在厦门，而驻守的郑联终日饮酒，不理军务，窃军饷为私用，征军需做家财，部下怨言纷纷，百姓苦不堪言。现在夺取厦门正是时候。"经过再三权衡，郑成功决定夺取厦门。

施琅得知郑成功欲取厦门，便说："用兵攻取，不是好办法，应该设计智取。"施琅在诸将中年纪最轻，颇知兵法，郑军水师"自楼橹、旗帜、伍阵相离之法，皆琅启之"，郑成功一直很赏识他的才华。

施琅说："郑联是酒色之徒、无谋之辈，国姓爷只要带4只大船寄泊在鼓浪屿，他见您船少，一定不会猜疑；其余的船只陆续假装成商船，或寄泊在岛美、浯屿，或寄大担、白石头，或从鼓浪屿转入崎尾，或直接入港寄碇在厦门港水仙宫前。国姓爷带一两个人登岸拜谒，语言谦恭些，再送千石大米给郑联，郑联必喜而不疑，再相机袭击他，这是吕蒙取荆州之计啊。"郑成功听后颇为赞赏，说："此计甚好，但我想还是以不杀人为好。"郑芝莞说："如果不杀郑联，恐怕他的部下恋主，不如就此杀了他好。"郑成功颇为犹豫。但为了抗清大计，也是因为郑联平时只重酒色不谋国事，他采纳了大家的意见。

于是郑成功选择精兵健将500名，命令甘辉、施郎、

郑成功雕像

洪政、杜辉四将统率，配船4只，从广东揭阳扬帆出发，依计而行。

郑彩离开厦门到广东征粮时，曾吩咐郑联：饿虎不可为邻，我带兵远出，你应当留心防范，切不可以为戏！如果见到郑成功的船舶来这里，你要特别注意防备。郑彩以前与郑鸿逵一起抗清时，多次听郑鸿逵称赞这个侄儿，也目睹过郑成功的举止，知道他胸怀大志，富有谋略。不想，郑联轻蔑地说，他少年乳臭未干，徒有虚名而已，何足挂齿。沉迷酒色的郑联，照样过他花天酒地的日子，不加设防。他经常在万石岩饮酒作乐，"岩至城东数里，凿石成洞，奇险可居，联所结构也"。（今厦门万石岩的中岩"玉笏"石上，还留有郑联的"玉笏"题字。）

顺治七年（1650年）八月十五日晚上，郑联与手下诸将大摆宴席，彻夜狂欢。按厦门风俗，中秋是非常重要、热闹的节日，足足要庆祝一个月，"是月，街市及乡村皆演戏，祀土地之神，周一月而后已"。二更鼓后，郑成功的船只到达厦门鼓浪屿。为了麻痹郑联，他先派人给郑联送上稻米千石。之后，郑成功才求见郑联，不料，郑联此时已经大醉，正呼呼大睡。于是，次日早上，郑成功再次带亲随前来拜见。郑成功非常谦虚地说："我的部队屡次打败仗，都不好意思见您，若郑联兄怜惜我，是否能借些兵马帮助我抗清？"郑联原本就十分狂傲，此时见郑成功给他送来了甚为短缺的粮食，且所率的战船又少，不疑有诈，又

郑成功雕塑

厦门鼓浪屿

见郑成功谦恭有礼，看上去没什么企图心，更是未加丝毫的防范。两人随后喝了几杯酒。郑成功见郑联毫无防备，骄兵之计已经实现，便起身告辞，说晚上要回请郑联，请他务必赏脸到虎溪岩赴宴。郑联爽快地答应了。之后，郑成功便密令手下诸船陆续进港，悄悄靠近郑联的战舰，并约定以炮声为号，抢占郑联战舰。

当天晚上，郑成功设宴，回请郑联。郑联毫无戒心，前来赴宴。在酒宴之上，郑成功殷勤地向其劝酒，郑联也放怀畅饮，兴致非常高。至深夜郑联才掌灯而回，行至半途，预先埋伏在路旁的郑成功部将杜辉等突然冲了

厦门万石岩西北的"锁云石"是郑联被刺杀的地方

出来，郑联毫无还手之力，刺杀行动极为顺利。

其他各路人马随信号炮声响后冲进城去，控制了厦门城。郑成功随后拨身边心腹守住郑联、郑彩的宅门，下令：非郑成功的命令，任何人都不许擅自进入宅门！郑成功又命人到城内各处安抚百姓，城内秩序井然。

之前，郑联手下的将士、船只，已被施琅、洪政、甘辉等人控制，不敢妄动。当郑联旧部陈俸、蓝衍、吴豪等人听说郑联已死，便来拜见郑成功，表示愿意归顺郑成功。郑成功于是顺利地兼并了郑联部队。郑成功又派洪政持书前去招降郑彩。郑彩听到郑联被杀的消息时，知道大势已去，郑彩对洪政说："我已年老体衰，我看我们郑氏家族诸子弟中，能继承大志、有所作为的只有大木（指郑成功）。我愿把我的队伍，全部交给他。"

郑成功知道后很高兴，便不再猜疑，以长辈之礼待他。

吞并郑联、郑彩所部后，郑军实力大增，部队已发展到40 000多人，厦门从此为郑成功所据，并成为郑军抗清基地。郑成功在厦门扩充整编军队，分为中、左、右、前、后五军，军下设镇，每镇辖兵1 200人，尤其注重水师训练，辖下水师"舳舻阵列，进退以法，将士在惊涛骇浪中，无异平地，跳踯上下，矫捷如飞"。为解决

厦门郑成功纪念馆内的郑成功塑像

永历帝朱由榔画像

军队给养，郑成功还进一步发展海上贸易，同时派遣洪政招安铜山、南澳、闽安诸岛，郑成功自领中军，以冯澄世为参谋，纵横东南海上，实现他"沿海地方，我所固有者也，东西洋饷，我所自生自殖者也，进战退守绰绰余裕"的经济目标。

顺治七年（1650年），清军进兵两广，永历帝朱由榔由广东肇庆逃往广西南宁。顺治八年（1651年）正月，黄文带着永历帝的诏书从广西来到厦门。原来，在清军的进攻下，广东连吃败仗，李成栋悲愤中饮酒过度，于雨天落水而死，杜永和率广东所有人马投降了清军，广西日益危急。永历帝要郑成功率师从广东虎门登陆，会同孙可望、李定国（在西南抗清的大西军领袖）联合进攻清军。

郑成功遂决定奉诏勤王，以葆永历政权。同时，他南下广东的另一个目的是镇压潮阳地区因为追征粮饷过急而导致的民乱。他亲率诸

郑成功的纪念章

镇，配备了100多艘船，南下抗清，郑成功唯恐清军会乘他南下，厦门空虚之际前来偷袭，临行前特意关照留守的郑芝莞说："金、厦是我们的军事基地，它的存在与

厦门龙头山寨遗址

厦门郑成功纪念馆内展示的火炮

否，对我们今后的抗清事业关系极大，切勿掉以轻心，一定全力守备。"当郑成功领军到达广东南澳时，郑鸿逵也引兵来会，两人议定让郑鸿逵回厦门，协助郑芝莞镇守厦门，郑鸿逵部众交由郑成功统一指挥，攻打潮州、惠州，以实施"勤王"计划。

这时，清军攻下广州的消息传来，南澳守将陈豹劝郑成功停止南下。他提出，广州失陷，从虎门登陆进军已无可能，会师肯定无法实现，厦门是根本重地，决不可轻易丢失。他建议郑成功应当驻守南澳，居中调度；而自请与各镇官兵南下，倘若望见孙可望、李定国的军队，再来请郑成功亲行。

郑成功未采纳陈豹建议，他认为现在按永历帝的旨意发兵，虽越山逾海也在所不辞，决不能只顾个人的安危。他指示陈豹，仍然要固守南澳，倘若厦门有警，可火速前往救应。

左先锋施琅也竭力反对郑成功南下。见陈豹直言劝谏未果，于是采取了委婉的方式向郑成功进言，假借"托梦"劝说郑成功放弃南下勤王之举。郑成功却以施琅劝阻南下是心存胆怯、临阵闪避、动摇军心之由，解除了施琅的先锋之职，将其遣回厦门，并别任郑茂为左前锋。

三月，郑军抵广东大星所，取得小胜之际，却传来了一个令人震惊的消息：厦门失守！

厦门城遗址

　　原来，郑成功出师南下以后，情况被清军侦察得知。当时在泉州的清朝福建巡抚张学圣，与驻守泉州中路总兵马得功、泉州道黄澍商议，决定进攻厦门。参加这次行动的还有漳州守将王邦俊。

　　二月二十七日，清福建巡抚张学圣和提督马得功调集同安县十八堡、刘五店等各处之军队，然后找到随郑芝龙降清后一直被清军派驻于安平的郑芝豹，向他借调了八艘战船，又从其他地方搜集小船数十条。一切准备妥当之后，马得功领清军乘坐战船渡海，悄然偷袭厦门。郑军守将事先毫无防备，在清军临近之时方才发现，匆忙率兵迎敌，却因兵力不足而一触即溃，无奈之下率舟师撤至金门。

　　而负责留守的郑芝莞，闻知清军来攻，吓得惊慌失措，早就忘了守备之责和郑成功之托，连忙搜捡珍宝，席卷而去。他与亲信弃城下船，逃之夭夭。

　　清军攻入厦门，郑成功储存的几十万斤大米，90万两黄金，几百镒珠宝被掳掠一空。

　　厦门丢失的消息让郑军极为震惊。军中人心惶惶，有人甚至失声痛哭，一致主张立即回师厦门，但郑成功却坚不回兵，要奉勤王大义为先。然而，此时全军上下已是人心思乡，部下将领尽皆前来劝归，认为三军各怀家属，若不迅速回军厦门，恐怕军心不稳。无奈之下，

厦门城遗址

郑成功只得下令回师厦门。

厦门被攻占四天之后，郑鸿逵率领部分人马反攻厦门。马得功率军迎战，一箭射死郑鸿逵的部将吴渤，各将领见状，尽皆不敢与之交战。此时，被罢职遣回的施琅惊闻厦门失守，遂率领部下亲兵陈埙、郑文星等60人从厦门港上岸，正遇马得功所部，于是与近千人的清军展开了厮杀。马得功被施琅杀得败回城内，坚不应战。施琅与郑鸿逵围攻厦门城，马得功势穷，向巡抚张学圣求援，张学圣派漳州参将冯君瑞领兵六百前往援救，遭到郑军阻击，无法进城。马得功困于厦门城内无法脱身，又估计郑成功主力回师后必遭灭顶之灾，于是他以郑芝

073

龙和安平郑氏眷属安危相要挟，请郑鸿逵放行。（郑芝龙
被软禁京城，郑芝龙的母亲黄氏和五弟郑芝豹居住在安
平，处于清政府的控制区内。）郑鸿逵权衡再三，最后决
定放马得功一条生路。

　　第二年四月，郑军抵达厦门，停泊在金门。了解了
厦门失守的详情后，郑成功震怒不已。听说清军离开厦
门竟是叔父郑鸿逵所助，大为愤怒。郑鸿逵写信请郑成
功到厦门商议善后事宜，郑成功拒不入城。郑鸿逵只好
自解兵权，离开了自己的驻地金门，迁往白沙居住，除
留下部分船舶从事海上贸易外，其余军队和战船均交予
郑成功，再未参与郑军的军事活动。郑鸿逵离开后，郑
成功移驻厦门，召集诸将，总结厦门之役的教训，赏功

郑成功的战船模型

罚过。施琅等以追杀清兵有功，晋升三级，赏赐银两；郑芝莞弃城先逃，斩首示众，没收家财充做军饷。

郑成功不徇私情，严明执法，又奖惩分明的做法，使诸将无不感佩。之后，郑成功为稳定厦门局势，加强了防御工事建设，分别调拨劲旅把守。这样，岛上人心大定，秩序井然，兵坚防严。

至此，郑成功控制了郑氏的全部兵权，东南沿海的郑氏部队都统一在了郑成功的旗下。为报厦门之仇，郑成功回师后多次遣兵攻打清军在福建的据点，收复长泰、海澄、诏安、平和等地，还派兵围攻漳州城，到1654年已扩军至20万人左右。

在作战中，郑军勇往直前，郑成功指挥若定，取得了一次又一次的胜利。每次战争之后，郑成功都论功行赏，而对于临阵脱逃的，或在阵前就斩，或战后斩首。郑成功的赏罚分明，增强了将士们的凝聚力，使作战中的将士们奋勇杀敌，急立军功。

为了增加军饷，扩充实力，郑成功接受了部将的建议，以安平为主要贸易港口，与日本通商，并联通吕宋、暹罗、交趾等国海上贸易交通线，开始大规模发展海上贸易。

拒绝招抚　借机筹粮

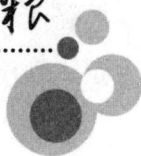

清军对郑成功屡剿不利，而西南地区的抗清武装在李定国等人的率领下，又与郑军遥相呼应，不断挫败清军。鉴于此，为瓦解郑成功的抗清武装，以利于彻底扑灭西南、东南两地的抗清力量，清政府开始考虑采用剿、抚并用的办法，对郑成功实行招降。

具体方法是："着郑芝龙作书，严谕率兵归顺，宥有罪过，量授官职，仍住厦门地方。"

顺治十年（1653年）十月，清廷给浙闽总督刘清泰发出一件敕谕，对招抚郑成功做了明确指示："今已令郑芝龙作书，宣布朕之诚意，遣人往谕成功及伊弟郑鸿逵等知悉。如执迷不悟，尔即进剿。如芝龙家人回信到闽，成功、鸿逵等果发良心悔过，尔即一面奏报，一面遣才干官一二员到彼审察归顺的实，许以赦罪授官，仍听驻扎原住地方，不必赴京……若能擒馘海中伪藩逆渠（指

鲁王朱以海据浙江时所铸的大明通宝

鲁王朱以海），不吝爵赏。"

郑芝龙奉清廷旨意派家人周继武和李德捎信给郑成功，告知清廷将派使者前来议和，劝郑成功降清，并让他把因战败逃往福建的鲁王朱以海献出来，以示归顺的诚心。

浙闽总督刘清泰也派人向郑成功转达朝廷招抚密旨，只要郑成功剃发归顺，即可保持自己的军队，仍旧镇守福建沿海，不必进京，借以解除郑成功担心重蹈父亲覆辙的疑虑。

清廷所做的让步实际上是在兵力不敷分配的情况下，企图先稳住东南沿海的郑成功部，集中力量摧毁西南的永历朝廷，然后再迫使郑成功完全就范。

五月十日，清廷正式颁发敕书，封郑成功为海澄公，郑芝龙为同安侯，郑鸿逵为奉化伯，郑芝豹授左都督，给泉州一府地方供郑成功安插和供养军队。

这年秋天，郑芝龙又派家人送了信来，告知郑成功

郑成功读书处，位于厦门市区太平岩上。岩前左边巨石，石裂两段，相叠恰成开口大笑之状，后人因此题刻"石笑"二字于其上。

清廷愿以漳州一府之地安插郑军为条件对他进行招抚。郑成功阅信后便同亲信镇将们商议说："我们不如将计就计，借此机会筹措粮饷以供军需。"他之所以这样做，是出于两个方面的原因。首先，利用和议，争取时间，补充粮饷，扩大兵力。其次，利用和议，以挽救和延长其父郑芝龙和其他亲属的性命。

主意已定，郑成功挥笔给郑芝龙写了一封回信，信中反复表示他不相信清廷的诚意，因为有郑芝龙前车之鉴。但是，他又暗示清朝若能将1646年招抚郑芝龙时许下的三省（浙江、福建、广东）交给自己管辖，还是可以谈判的。另外指责清廷一面招抚，一面派兵入闽，似为骗局。最后表示清廷只要将"海上之事""全权托付"，那么"父亲致力于内，儿尽力于外，付托得人，地方安静"。

清廷研究了郑成功的回信和李德带回的信息后，判断郑成功有归降之意，决定做出让步，答应由原来由一府扩大到将兴化、漳州、潮州、并泉州四府交予郑成功管理，四府的水陆寨游营兵饷也拨给郑成功，命郑成功"挂靖海将军印"并下诏金砺撤兵。

从这年八月起，郑成功即派出部将官员领兵往福建漳州、泉州、龙岩、惠安、仙游等府、县征粮征饷。

厦门集美寨遗址

顺治十一年（1654年）正月，清廷使臣带着封郑成功为海澄公的敕印到达安平，郑成功设香案拜受敕印，清使要他先剃发然后开读诏书；郑成功则以"具疏自行奏请"为托辞拒绝剃发。双方相持不下，无法开读诏书。

清使离开后，郑成功给清廷写了一封信。信中称：其兵马众多，必须拨给三省地方才足以安插，并提出郑氏不剃发留辫，不更换清朝衣冠，保持独立，仅仅对清朝称臣纳贡等条件。

在此期间，郑成功一边以不战不和的策略与清廷周旋，一边乘势四处筹饷筹粮。在大约一年的时间里，郑成功在漳州一带征得军饷108万两，在同安、惠安、南安、兴化等地征得饷税70万两。对此，福建的地方官员虽觉不妥，却因顾及双方正在和谈，而不敢阻止。

此时，清廷的许多官员已看出郑成功并无归降之意，便纷纷上疏朝廷希望不要再为郑成功所愚弄，应当"厉兵秣马以应变"。但清帝最终还是决定做最后一次努力。六月，清帝再次颁发敕谕给郑成功，其中除重申封海澄公、挂靖海将军印，给泉、漳、惠、湖四府驻扎军队外，对郑成功的其他要求断然拒绝。

八月，清廷派使臣和李德、周继武携诏书前往福建，同时命郑成功弟弟郑渡、郑萌等携郑芝龙的亲笔信一同前往。清廷使臣到达福州后，让郑成功派人前往迎接。

郑成功只写了一个便条，通知清使臣来安平会面。

九月中旬，清廷使臣来到安平，郑成功调集甘辉、王秀奇、陈尧策、万礼、黄廷等二十余名部将统领水陆各镇"列营数十里，旗帜飞扬，盔甲鲜明"以示军威，他披甲佩剑，戎装整肃偕诸将前来，两下相见完毕，郑成功要求清使先开诏书，清使则说："不剃发就不是大清的臣子，不可宣诏！"双方僵持不下，清使返回泉州，并限二十五日为最后答复时间。

郑渡和周继武等人见和议已将破裂，便在二十四日晚上，到厦门苦求郑成功说："我们这样回去复命，全家性命难以保全，太师爷的处境也将更为危险。"郑渡更泪流满面地跪求道："哥哥此番如不归附，全家性命难以保全，请兄长以骨肉亲情为念，剃发归顺吧。"对此，郑成功断然回答道："我一日不降清，清廷以父亲为诱饵，他

厦门郑成功演武场遗址

厦门鼓浪屿延平公园内的"国姓井"。

的性命尚有可能保全，倘若我剃发归顺，父亲兄弟的前途就更加难以预测了。"他扶起弟弟，不准他们再提降清之事。

郑成功约请清廷使臣来安平再议遭拒。二十九日，清廷使臣和随行人员离开泉州，和局至此完全破裂。

离别之际，黄征明要求郑成功写一回信给郑芝龙，成功依言写了一封长信说明整个事件经过并表明了他矢志抗清，至死不渝的决心。郑成功写信说："清朝表面上以礼待我父，实际上视我父为可利用之奇货，此番遣使诏封的举动，显然是借父以挟子，但孩儿岂是可以被挟持之人？万一父亲遭到不幸，儿子只有缟素报仇，以忠作孝。"

清廷见诱降不成，改而用兵。顺治十二年（1655年），清廷派出重兵赴福建进剿郑成功。十二月底，郑军打败了清军，东南沿海为之大振。

联兵北伐　兵败金陵

　　为配合西南地区南明政权的作战，恢复大明江山，郑成功于顺治十二年（1655年）至顺治十六年（1659年）联合西南的李定国（在西南抗清的大西农民军领袖）、鲁王余部张名振、张煌言发起了三次北伐金陵（今南京）的战斗。

　　第一次北伐，因中途为清兵所阻，计划未能实现。

　　顺治十四年（1657年），永历帝在清兵追击下，逃往云南，依附李定国，有争权篡位野心的孙可望在湖南降清，清军得以由湘、桂、川三路进攻云南，形势极为严峻。郑成功为牵制清军兵力，于这年七月，组织了第二次北伐。八月，郑成功亲率大军攻占浙江海门，进围台州，台州总兵、知府献城投降，天台、太平等县望风归附，郑军声势大振。永历帝封郑成功为延平郡王，以示褒奖。但此时清军在福建攻陷闽安镇，郑成功恐金、厦

南京城墙遗址

根据地有失，回师厦门，第二次北伐又不得不暂告中止。

顺治十五年（1658年）正月，郑成功决定组织以直捣南京为目标的第三次北伐。他派人与永历帝联络，要求他派兵北上会师长江。永历帝遂命原鲁王部将张煌言为兵部侍郎，监军北伐。五月，郑成功命黄廷、洪旭、郑泰及长子郑经留守厦门，他亲率17万大军出征北伐。五月中旬，郑成功水师攻取平阳、瑞安，七月抵达浙江舟山，与浙东抗清的张煌言会师。八月初九，船队行至羊山海面遇到台风。在台风几个小时的袭击下，郑军船队遭受严重损失，大船漂没20多艘，小艇几乎全部沉没，兵将伤亡 8 000 多人。郑成功因实力损失甚大，决定暂缓北进，回师舟山一带休整。第二年五月，郑成功与张煌言部会合后再行北伐。

"诏封延平王"印是永历皇帝诏封郑成功为延平王的印章。

北伐军一开始就取得了辉煌的胜利，相继取得瓜州大捷和镇江大捷。六月十六日，南路郑军在余新率领下夺取了谈家洲，与此同时，北路也轻取了瓜州。占领瓜州后，郑成功召集军事会议，商讨继续进军方案。马信说："我们应出其不意，乘虚而入，直取南京，占领了南京，镇江就不在话下了。"甘辉也说："兵贵神速，

南京古都

我认为马提督所言甚是，我们应尽快从陆路直捣南京。"
张煌言则认为："瓜州敌陆军虽败，但水师退入芜湖，后
患很大，应该先把镇江攻下，才能先声夺人。应水陆并
进，陆路取镇江，水路攻占南京。"于是郑成功命张煌言
与杨朝栋率水师前镇上溯芜湖，堵截南京上游的清军，留
兵守卫瓜州，自己率兵直取镇江，六月二日晚，兵抵镇江
城外的银山。银山只有少数清兵驻守，顷刻瓦解，清、郑
双方展开了一场争夺镇江的激战。镇江之役清军大败，守
将开城迎降。

顺治十六年（1659年）六月二十八日，郑成功召集

厦门鼓浪屿皓月园内的郑成功及其部将巨型铜雕像

诸将商议进攻南京。甘辉认为北据瓜州、镇江而截北来援军，南占北固山而封江浙通路，则金陵可以不劳师而收复。郑成功则不以为然，决心立即进取南京。甘辉又建议从陆路进攻快，可以一鼓作气拿下南京，又可沿途攻州破县阻截敌人援兵，郑成功也没有采纳。

七月四日，郑成功率北伐大军乘船溯流而上，猛扑南京。期间，张煌言所部在南京上游连传捷报：沿途守将闻风丧胆，纷纷献城归顺。这时，大江南北已有四府、三州、二十二县先后投降，还有不少人从山东、湖北、江西等地前来联系，表示只要郑军一到，立刻起兵响应。

七月九日，郑军在南京仪凤门外登岸，驻扎在狮子山一带。郑成功率文武官员在钟山祭祀明朝开国皇帝朱元璋的陵墓——明孝陵。祭毕，郑成功望着烟波浩渺的江面和笼罩在雾中的城楼，不禁想起14年前仓皇离开南京的情景和自己十余年来所经历的戎马倥偬的艰辛岁月，感慨万千，挥笔写下《出师讨满夷自瓜州至金陵》诗一首：

缟素临东誓灭胡，雄师十万气吞吴。

试看天堑投鞭渡，不信中原不姓朱。

郑成功大军包围南京，江南各地为之震动。驻守南京的清军不敢出战，紧闭城门防守待援。

郑成功得到这个情报非常高兴，他说："城内到了这种程度，南京一定会投降的！"郑成功遂命人起草了一份劝降书，指出固守南京的困难，劝其守将投降，随后将信绑在箭上射入城中。

此时，诸将纷纷请求早日攻城。大将周全斌说："如今已占领瓜州，用兵贵在神速，如果一鼓作气将南京拿下，将皇帝迎驾过来，那么中兴大明便指日可待了。"大将甘辉说："大军在城下驻扎太久，容易失去锐气，而且如果清军援军一到，要多费一番工夫。请求您快一点指挥攻城。"郑成功却另有另一番考虑。他认为清军即使不降也会逃走，不必劳师攻城，造成太多的杀戮，使南京百姓也跟着遭殃。

南京仪凤门

南京城墙遗址

郑成功在这件事上犯了战略上的错误。过于自信和过于慎重，使他失去了攻下南京城的大好时机，导致了这次北伐的失败。（还有一种说法，说是郑成功中了城内清军的缓兵之计。城中守将答应30日后献城，因为30日内守城者失城，会累及家眷。郑成功因为轻信城中守将才失去了攻下南京城的大好时机。）

此时，清兵援军已开始向南京集中，十五日总兵梁化凤自崇明赴援，突围入南京城，与城中守军合为一股，加强了防守力量。

二十一日，郑成功得知，各处清兵已经齐集南京，欲与郑军一决胜负。郑成功遂布置军队迎战清军。

二十二日中午，双方炮战正式打响。清兵在仪凤门安置火炮，与郑军前锋阵对击，郑军的炮架设在路口，全被击碎，官兵无立足之处。接着清军拥大队冲出城来，郑军救应不及，前锋镇余新、左营董廷和大小将领官兵全军被歼。中冲镇副将萧拱柱也阵亡，萧拱宸浮水而逃。清兵趁势出城扎营。

首战遭受挫败，郑成功当晚重新布置了兵力，传令抽兵驻扎观音山待敌。郑成功此次布阵犯了严重的错误。他将兵力分散于难于及时救援之地。一旦其中任何一路郑军遭到清军优势兵力的攻击，其他各路很难及时赶到救援。

福建省泉州市大坪山上的郑成功铜像

这天晚上，清兵乘胜逼近郑军营地扎营对垒。

二十三日上午，清兵大队人马数万人从山后抄出，南冲左先锋镇之营，但郑成功已传令中军营，无令不许轻战，而山上山下又隔远不见，只听清军的冲杀声。清兵动用了全部的攻坚器械，炮火交集，郑军无处容足。郑成功派遣右冲镇、右虎卫镇前往援助，此时左先锋镇寡不敌众，已被清军杀败。清兵乘胜从山上冲下，中提督等在山内被围，不得突围相继阵亡。左武卫镇、左虎卫镇在山下死拼，但独立难支，也终于被歼灭。后提督遭到清兵首尾夹击，被歼灭。

郑成功见败局已定，只得指挥军队登船撤退。清军水师这时也攻打过来，左冲镇一面堵截反攻，一面保护其他官兵撤离。清兵畏惧郑军的水师，不敢轻易再战。

二十四日，郑军退至镇江。检查军队，不见大将甘辉、万礼、林胜、陈魁等人，17万大军也伤亡过半。郑成功悔恨交加，放声大哭，自责说："当初我若听从甘将军等人之言，何至有今日的一败涂地。今日惨败，实乃我一人的罪过，成功有何面目再见东南父老！"北伐壮举，就此以惨败结束了。郑成功的中兴大业，也受到了严重挫折。

当郑成功直捣金陵的消息传到北京时，清廷大震。顺治帝曾想迁都，后在皇太后劝说下他才亲自前往南苑

郑成功塑像

郑成功
1624—1662

练兵，准备亲征。不久，清军大获全胜的消息传来，顺治帝喜出望外，擢升梁化凤为江南提督。

这时，清军在云南、贵州也取得了决定性的胜利，永历帝逃往缅甸，李定国逃往云南。这样，清廷得以全力以赴，围剿郑成功这支孤军。

此时的郑成功已清楚地认识到了清军的实力和自己在整个局势中所处的不利地位。这种危机，迫使他做出了一个决定——驱逐荷兰殖民者，收复台湾。

收复台湾是郑成功经过长期考虑后才做出的决定。

清顺治十四年（1657年）六月，东印度公司的通事（即翻译）何斌，带着东印度公司的信件及贵重礼物到厦门来见郑成功，请求恢复通商。原来四年前，荷兰的武装舰队经常在海上劫掠郑氏经营海外贸易的商船。郑成功于是下令禁止闽粤沿海各港口、岛屿的船只和日本及东南亚各国船只到台湾贸易，派兵船在台湾海峡游弋监视，这样一来，受制于郑成功的荷兰殖民者收入大损，不得不以"年输税五千两，箭胚十万支，硫磺千担"的条件，前来请求通商。

何斌原是郑芝龙的部下，随郑芝龙长期经营海外贸易，精通葡萄牙语、日语和荷兰语。郑芝龙受明招抚后，何斌长期留居台湾，成为当地汉族人的一个首领，并担任东印度公司的通事，很得荷兰人的信任。

何斌虽为东印度公司做事，但仍心向祖国。谈判之外他建议郑成功，用郑氏商船由台湾运货至厦门，船货在台湾先行交税，运抵厦门后无需再行征税，这样既简便了手续，又可以增加郑氏的财政收入。郑成功欣然同意，并暗地委托何斌做他在台湾贸易的代理人，办理郑氏在台湾的有关商贸事宜，代征船货税。就在这一次，何斌还当面向郑成功提出了希望郑成功早日收复台湾的建议。

何斌回到台湾后，除认真完成郑成功交办的事外，还为郑成功收复台湾做了一件重要的事。那就是命人秘密调查了荷兰在台的军事设施，勘测鹿耳门及附近港湾的航道情况，绘制了一张详细的军事地图。1659年，何斌的活动被荷兰东印度公司发觉，将其撤职拘禁审讯，

厦门郑成功纪念馆内的浮雕壁画

何斌乘看守不备逃了出来，带着精心绘制的地图赶回厦门。回厦之后，何斌便把地图献给了郑成功，并再次建议他从速进军台湾。

何斌带来地图，更使得郑成功成竹在胸。

他考虑派遣前提督黄廷、户官郑泰督率援剿前镇、仁武镇前往台湾，打平障碍，安顿将领官兵家眷。

北伐之后，清朝统治者认为郑成功处在丧败之余，无力抗敌，便任命达素为安南大将军，率领八旗兵入闽，攻打厦门。郑成功为全力抗清，收复台湾计划被迫暂时搁置。

顺治十七年（1660年）五月，郑成功击退了达素的大军。

达素大军被郑成功打败以后，清政府采纳了原是郑成功部属、熟知福建情况的降将黄梧提出的"平海五策"，派遣兵部尚书苏纳海到福建监督执行，强令沿海地区百姓放弃自己的家园和田地房产，内迁30里。并严令沿海地区军民人等，寸板不得下海，违者处斩。清朝在福建、广州的各级政府官吏和衙役，有许多原本就是郑成功派出的密探，有的早已被郑成功买通，替郑军收集情报。黄梧掌握这些情况，全部处死了这些人。

"平海五策"断绝了郑军与沿海百姓的联系，切断了郑成功大部分的海外贸易，破坏了郑军的情报来源，给郑成功据闽粤抗清造成了很大困难。

郑成功于是决定立即收复台湾，他和部将商议道："前年何廷斌所进台湾一图，田园万顷，沃野千里，饷税数十万，造船制器，吾民鳞集，所优为者。近为红夷所占据，城中夷伙，不上千人，攻之可垂手得者。我欲平克台湾，以为根本之地，安顿将领家眷，然后东征西讨，无内顾之忧……"对于收复台湾，众将虽有异议，但却未动摇郑成功的决心。他加紧了收复台湾的准备工作，并派出大批军队到广东潮州沿海地区筹集粮食。

驱逐荷夷　收复台湾

台湾自古以来就是中国的领土。

台湾气候宜人，山川秀美，土地肥沃，物产丰富。它不仅是我国东南海上的天然屏障，而且是东南的海上交通要道和通向太平洋的重要出海口，具有极重要的战略地位。

从史籍和文献记载及行政管辖方面看，台湾早就置于历代中央政府的有效管辖之内。如：宋孝宗乾道七年（1171年），泉州知州汪大猷"曾遣军民屯戍澎湖"。这说明，当时中央政府已在澎湖驻兵。宋理宗宝庆元年（1225年），福建海官监督赵汝适写的《诸番志·毗舍耶》中写道："泉有海岛，曰澎湖，隶晋江县（今晋江市）。"这说明，澎湖已隶属福建晋江县，已正式纳入中央政府的管辖之内。13世纪中叶，元世祖忽必烈在澎湖设立巡检司，巡逻海面，征收盐税，管辖台湾等岛屿。从此，

台湾岛景观

台湾正式列入中国的版图。明代以来，台湾已成为我国东南的海防要地。

　　台湾从16世纪始便受到外国侵略者的觊觎和侵略。由于新船路的开辟，大批西方殖民者相继东来抢占和瓜分殖民地，进行掠夺性的贸易。荷兰是17世纪典型的资本主义国家，也是当时世界上最强的殖民国家。当时荷兰商业和对外贸易特别发达，造船业居欧洲之冠，所以有"海上马车夫"之称。它为欧洲各国转运商品获取巨利的同时，也利用海上优势和商业霸权，继葡萄牙、西班牙之后，进行大规模的殖民侵略活动。

  1602年，荷兰东印度公司成立。它虽然被称作"公司"，实际上却是荷兰殖民者向亚洲进行殖民侵略的殖民统治机构。它不但享有荷兰在东方从事独占性贸易的特权，荷兰政府还授予它相当广泛的政治、军事权力。它拥有军队和船队，能以荷兰政府名义在东方宣战、媾和与缔结条约。荷兰东印度公司于1619年占领爪哇的巴达维亚（今印尼雅加达），并将其作为在东方进行殖民活动的总部。

  荷兰殖民者在东方的主要侵略对象，除了盛产香料的东印度群岛外，就是地大物博、人口众多的中国。因

台湾岛景观

为中国的丝绸和瓷器等特产，在欧洲市场需求量大、利润高，同时，中国还有他们需要的廉价劳动力。

荷兰对中国的侵略，始于明万历二十九年（1601年）。当时荷兰殖民者"驾大舰，携巨炮"，以要求与中国政府通商为名袭扰澳门，遭到明朝福建地方政府的拒绝。

明万历三十二年（1604年）七月，荷兰殖民者首次侵入澎湖。因明朝当时在澎湖只有春秋两季驻守，所以荷兰殖民者便得以"乘虚而入"。十二月，荷兰殖民者被明朝都司沈有容领兵驱走。明天启二年（1622年），荷兰殖民者再次乘我无驻军防守之机，武力侵入澎湖。荷军这次侵入后，马上强迫岛上居民为其修建炮台、城堡，企图长期霸占澎湖。在此期间，他们不但派遣船只进犯福建沿海，还俘虏中国百姓贩卖到巴达维亚去充当奴隶。荷兰殖民者的野蛮行径激起了中国当局和百姓的极大愤慨，明福建巡抚南居益亲自视察海域，派副总兵俞咨皋等人带领军队先后在铜山（今福建省漳州市东山县）、厦门海面击败来犯的荷兰舰船。第二年，福建地方政府集结水师，向荷兰殖民者在澎湖擅自建立的堡垒发动进攻，经过8个月的围攻，荷军"食尽计穷"答应拆除堡垒，退出澎湖，"澎湖信地，仍归版图"。

明天启四年（1624年），荷兰殖民者又转而侵占我台

十六世纪荷兰航舰航行台湾之间

湾西南一带。台湾西南有一港口称"大员"（也称"台员""大港"，读为台窝湾），港口南面海上有七个沙屿相连，当地人以一鲲身、二鲲身至七鲲身相称。港口北端出口处有二山对峙，状如鹿耳，故名鹿耳门。鹿耳门地势险要，往来船舶由此出入，形同门户。因当时明朝未驻兵防守，致使荷兰的舰队顺利地在大员的一鲲身登陆。荷兰殖民者在一鲲身筑起一个城堡，高约三丈余，分上下两层，城堡三面环海，四角各置大炮，设兵守卫。荷兰人称该城为热兰遮城（我国记载称为台湾城，现为台湾省台南市安平古堡），东印度公司派总督驻该城堡，管理殖民事务。后来，荷兰殖民者又在热兰遮城对岸赤崁地方修建普罗民遮城（我国记载称为赤崁城）。

荷兰殖民者侵占台湾南部后，开始以此为基地，在

海上与其他贸易国家展开贸易竞争。西班牙殖民者深感威胁，便于明天启六年（1626年）出兵在台北的鸡笼港（基隆）强行登陆，和荷兰殖民者一样，他们也驱迫当地百姓修建了一座城堡即基隆城。后来他们又侵入淡水，一步步地占据了台湾北部。

荷兰殖民者侵占台湾后，便开始在台湾推行殖民政策。他们不但疯狂掠夺资源，还对台湾人民进行残暴的压迫和剥削。他们把全部土地收为东印度公司所有，强迫汉族和高山族农民向其领种土地，交纳繁重的地租。对于高山族等土著民族，则强迫他们缴纳实物，最多的是鹿皮。此外，他们还征收名目繁多的苛捐杂税。而另一方面，他们还凭借台湾这一基地，依仗其坚船利炮，用武力强迫明朝政府与他们通商，排挤葡萄牙、西班牙、

今日赤崁楼

日本与中国通商，妄图垄断台湾海峡的贸易。

明崇祯六年（1633年），东印度公司曾决定用武力强迫明政府开放沿海各地港口。七月，荷舰8艘，开至厦门，不宣而战，中国水师仓促应战，初战失利，荷舰乘胜封锁厦门。此时，郑芝龙已受明朝招抚，任命为总兵，负责东南海防，台湾亦属其防守范围。他闻讯从广东赶回，会同福建巡抚所调集的各路水师，与荷兰殖民者展开了海上激战，捷报连传，荷军大败。此战之后，荷属东印度公司暂时放弃以武力强迫明朝政府与其通商的企

伴随着岁月的变迁，原荷兰殖民者所建的赤崁楼已不复存在，只留下残缺的城垣，供世人凭吊。

图，不敢在我国东南沿海肆意骚扰并答应向明政府按年纳税。

西、荷两国为争夺在台湾的殖民利益，发生了多次武装冲突，西班牙终因实力不足，于1642年被荷兰打败退出台湾。整个台湾被荷兰侵略者所侵占。而当时，明朝政府正忙于同后金（清）作战和镇压李自成、张献忠领导的农民起义，无暇顾及台湾，致使台湾被荷兰侵略者霸占达38年之久。

清顺治十七年（1660年）冬，占据台湾的荷兰殖民者侦知郑成功"必将"收复台湾的动向后，决定取消进攻澳门的原定计划，并宣布"一切处于戒备状态"。在台兵力1 140人，舰船多艘，由荷兰驻台头目揆一直接指挥；台江东岸的赤崁城，配属兵力500人，进行死守；其他港口和城堡约有数百名守卫；鹿耳门航道，因早已被沉船堵塞，加之水浅礁多，不能通行，所以未派兵防守。

同时，他们还致信东印度公司请求支援。于是，东印度公司从巴达维亚派来12艘战船和600名士兵增防台湾，但由于援军舰队司令燕·樊德朗错误判断郑成功短期内不可能进攻台湾，这12艘战船中只留下4艘，其余战船又在他的带领下返回巴达维亚去了。至战前，荷兰殖民者在台湾的总兵力，总计仅2 800人。

赤崁楼的文昌阁

　　顺治十八年（1661年）正月，顺治帝驾崩，清朝顾不得用兵东南；这时，从台湾探得的消息是荷兰东印度公司从巴达维亚派出的援军主力已返回；而当时的风向又对荷军不利（南贸易风即将开始，在台荷兰船只难以顶风去巴达维亚请援）。综合这些因素，郑成功判定这无疑是收复台湾的良机。于是，他召开了由高级将领参加的军事会议，做出了东征台湾的决定。

　　二月，郑成功在金门料罗湾集结出征队伍。三月二十三日，郑军举行了隆重的誓师大会，时战舰横列，旌旗蔽日，战鼓齐鸣。午时一到，郑成功亲率大军二万五千人，大小战船数百艘，由料罗湾出发，浩浩荡荡地向

东挺进。

　　经一昼夜的航程，大军抵达澎湖列岛。大军在澎湖进行了短暂的休整，郑成功令张在等将领留守澎湖，他则亲率大军继续东征。

　　不料，天公不作美，船队驶抵柑桔屿海面时，海上起了飓风，一时浊浪滔天，郑成功不得不下令返航，暂避澎湖湾。三天过去了，海上仍是波涛汹涌，甚是惊险，而此时大军所带的军粮已所剩无几。

　　郑成功为此非常着急，遂派部将向澎湖的百姓派取行粮，以解决急需。

　　但两天过去了，凑集的粮食才只有百余石，这还不够大军一顿饭用的。见此情况，三十日晚，郑成功与诸将商议，不再耽搁，立即起碇开船。他考虑的是，如果无限期的停驻澎湖，不但会影响军心，更重要的是不能按期通过鹿耳门港。因为，大军要通过何斌提供的港路进入鹿耳门，就必须利用每月初一或十六的大潮，如果错过，大军的行程就将推迟半个月。

　　晚一更，郑成功传令大军起碇开船。这时，海上仍巨浪翻滚，狂风呼啸。大军在惊涛骇浪中向东行进。到了三更后，忽然雨霁云收，风平浪静，郑军兵将以为天助义师，更加信心百倍，斗志昂扬地向台鹿耳门港驶去。

　　四月初一拂晓，大军顺利抵达台湾外沙线，辰时至

鹿耳门港外。

由鹿耳门外海进港有两条航路：一条是南航道，港口位于一鲲身岛和北部北线尾岛之间，南航道港宽水深，大船可以自由出入，但港口有荷舰防守，陆上有台湾城内的炮火控制，不易通过。另一条是北航道即鹿耳门航道，位于北线尾岛与鹿耳屿之间，北航道水浅道窄，大船无法通行，只有涨潮时才能通过。荷兰人事先在这里沉入破船，所以在这里没有设防。北航道是郑成功选择进入台湾的通道。

荷兰在台南主要有两个据点，一个是位于台江西侧一鲲身岛的台湾城，另一个是位于台江东侧陆地的赤崁城。由于两城之间隔有台江（又称大员湾），所以只要郑军能进入台江，便可实施登陆，切断两城之间的联系，控制战局。

四月初一中午，海潮大涨数尺。郑成功乘机率队进发，大小战舰顺利通过鹿耳门，驶入台江。之后，郑成功做了如下部署：留部分船只控制鹿耳门海口，防止敌舰从侧后袭来，并接应第二梯队的到来；令陈泽率兵4 000人登上北线尾岛，以保证侧后安全，并置台湾城守军腹背受敌；郑成功则率大军驶入台江，切断台湾城与赤崁城之间的航道。

由于准备充分，大军顺利登陆禾寮港（今台湾省台南市北区开元寺附近）。登陆后，大军抢占了赤崁街粮食仓库，并包围了赤崁城。

郑军所用的刀剑

　　如神兵天降的郑军让荷兰赤崁城的城防司令描难实汀大惊失色，由于城中仅有不足400人的兵力，他不敢冒然出兵，只好指挥手下在城楼上向郑军驻处开炮，并派人向驻扎在台湾城的荷兰长官揆一求救。

　　此时，台湾城的荷兰长官揆一也正在为如何应对郑军而寻求对策。

　　在大军压境的情况下，东印度公司在台湾的殖民统治机构"评议会"于四月二日召开了紧急会议。荷兰殖民者妄图凭借其船坚炮利和城堡坚固来抵抗郑军，以等待援军的到来。"评议会"决定兵分三路向郑军进攻：一路派贝德尔上尉率领率兵240人急驶北线尾抵抗从北线尾登陆的郑军；一路派出四只战舰向停泊在台江的郑军

今日安平古堡

舰队发动进攻；一路派阿尔多普上尉率200名兵去增援赤崁城。

陆上的战斗在北线尾的沙洲上展开。贝德尔上尉对中国军队非常轻视，认为"二十五个中国人合在一起还抵不上一个荷兰兵"。他相信"中国人是经受不了火药的气味和毛瑟枪的响声的，第一次攻击

安平古堡碑

后，只需其中少数人被射倒，其余的便将立即逃跑，造成全面的溃败"。贝德尔指挥荷军下船后，以12人为一排，排成整齐的方队，放排枪向郑军进攻。宣毅前镇陈泽早已探知荷军在北线尾的行动。他看到侵略军这种呆板的战术，立即从主队中分出七八百人绕过敌人的侧后方进行抄袭。

当荷军逼近埋伏后，陈泽令旗一挥，郑军士兵开始对荷兰兵进行前后夹击。一时间铳、炮、箭齐发。荷兰文献记载：郑军"箭如骤雨"。荷军大乱，纷纷弃枪逃命，贝尔德及其部下100多人或被射死或被击毙。荷军大败。

南路增援赤崁城的荷军，也被郑军战败。这支200人组成的援军由阿尔多普上尉率领，乘船沿台江南岸驶往赤崁城，企图为描难实叮解围。郑成功发现后，立即出动"铁人"军还击。他们双手挥舞大刀（荷兰人称为"豆腐刀"），奋勇向荷军砍去。200名荷军士兵只有60名爬上岸，当即被"铁人"军消灭。阿尔多普率残部逃回台湾城。

陆地上的战斗荷兰人遭到惨败，海上的战斗荷兰人也付出了很大的代价。

五月一日，荷兰人出动了两艘战船——"赫克托克"号和"斯格拉弗兰"号，以此作为水上战斗的主力，又派出小帆船"白鹭"号和快艇"玛利亚"号，辅助两艘大船进行战斗。

荷兰军舰边开炮，边向郑军船队猛扑过来。郑军方面迎战的是宣毅前镇卫陈广和左虎卫左协陈冲，他们率领帆船60艘迎战荷军。荷舰长约30丈，宽6丈，船板厚2尺多，中国人称之为"夹板"船，其实是用圆木制成的，甲板上有5个桅，帆樯可以八面受风，行驶迅速，不惧逆风，每艘装有大炮20至30门。

郑军船只的大小仅为荷舰的1/3，只装大炮两门。

荷舰虽大，火炮虽猛，但它却有在港内转动不灵和易于搁浅的特点。郑军船小，但它却有灵活、机动方便

安平古堡内的古城壁残迹

的优点。

　　郑军的战舰在制造和装备的火炮上虽稍逊于敌舰，但水兵们英勇顽强，利用自己在数量上的优势四面围攻荷舰，当"赫克托克"号一开过来，便有几十艘帆船蜂拥而上，从几个方面包围"赫克托克"号，向其猛烈开火。虽然不断有郑军的船被击沉，但郑军毫不畏惧，勇往直前，使"赫克托克"号难以应付。郑军船队中有五六艘最勇敢的火攻船，满载燃烧物品，冒着猛烈的炮火，冲到荷舰近旁，把船紧贴在敌船板上，点起火种，士兵纷纷跳水泅回。忽然"轰"地一声，"赫克托克"号战舰的火药舱爆炸了，这艘荷兰军王牌战舰连同舰上100名水兵，一起葬身海底。这就是古代中国人民长期同西方殖民侵略者在作战实践中创造出来的著名的"火船战术"。在镇将陈广、陈冲的指挥下。郑军以伤亡1 000多人的代价，重创战船两艘；另一艘荷舰"斯格拉弗兰"号也被郑军火船引燃，见势不妙，仓皇逃往巴达维亚（今印尼雅加达）。平底船"白鹭"号和"马利亚"号也分别逃向日本和巴达维亚方向。尚存几只小船逃进台湾城下，再也不敢出战。

荷军三路出击郑军，皆以失败而告终，只好龟缩在

郑成功收复台湾图

赤崁城和台湾城之中。郑成功在海、陆同时获捷后，决定采取围困战术，迫使荷军不战而降。他首先以大军万余人包围了赤崁城。在当地百姓协助下，他们切断了赤崁城的水源。

四月五日，郑成功又正式致书描难实汀和揆一，明令二人交出城堡，如若拒绝，定将荷兰人斩尽杀绝。

荷兰人并不甘心退出台湾，经过"评议会"的协商，他们向郑成功提出两套解决问题的方案，一是他们拿出一笔赔款给郑成功，郑成功得到赔款后离开台湾，并允许荷兰船只自由通航。如果郑成功不同意这一条，他们可以让出已被郑军控制的台湾本岛，但郑成功必须答应荷兰人可集中地到台湾的港湾来。

郑成功在赤崁城外的郑军大帐中接见了荷兰军谈判使者。在荷兰使者送上书信说明来意后，郑成功义正词严地说："东印度公司考虑的只是他们的利益，信中所表示的友好是不可信任的。在荷兰公司的眼里只有利益，没有友好的。台湾一向是属于中国的，在中国人不需要它的时候，可以允许荷兰人借居，现在中国人需要这块土地，来自远方的客人理应把它物归原主。这是理所当然的事。"

郑成功表示，此次来的目的，不是同东印度公司的军队作战，只是为了收回中国人的领土和自己的产业。

台湾城复原模型

荷兰人撤出台湾，可以带走自己公司的财产，就是拆毁城堡，把枪和物资全部运回巴达维亚，也无不可。他要求荷兰人立即执行，这样荷兰人可以得到宽恕，否则郑军将不惜一切代价驱逐荷兰人。

郑成功限令他们在第二天上午做出决定。如果还是坚持抵抗到底，则无需再来谈判。

与此同时，郑成功则命令军队继续加紧对赤崁城的围困。此时，赤崁城内已近弹尽粮绝，在郑军的武力威逼下，描难实汀选择了投降并献出其一切军用物资。司令官描难实叮及其妻子与另外的400名士兵成了俘虏。

描难实叮投降后，奉郑成功之命派人前往台湾城劝降揆一，遭到揆一拒绝。郑成功于是命令军队"移扎鲲山即一鲲，候令进攻台湾城"。

台湾城是荷兰殖民者在台湾的统治中心，城堡坚固，防御设施完整。城周长200多丈，高3丈多，分3层，下层深入地下1丈多，"城垣用糖水调灰垒砖，坚于石"。城四隅向外突出，置炮数十尊。荷军炮火密集，射程远，封锁了周围每条通道。城内荷军尚有870人，凭借城堡继续顽抗。但是赤崁城被郑军占领之后，台湾城已是一座孤城，城内缺粮、缺水，荷军处境十分困难；加之当时南信风季节刚刚开始，要等待6个月进入北信风季节后，才能将台湾的有关情况告知巴达维亚，然后再等6个月才能利用下一次南信风季节取得巴达维亚的援助，防守更加困难。

自四月初以来，双方一直进行着零星战斗。郑成功一方面积极准备攻城，一方面于四月十二日和二十二日，两次写信给揆一，令其投降。见揆一毫无降意，郑成功遂调集了28门大炮，于二十四日凌晨摧毁了台湾城大部分城墙。荷军于城上集中枪炮还击，并出城抢夺郑军大炮，被郑军弓箭手击退。

郑成功鉴于台湾城城池坚固，强攻一时难以得手，为了减少伤亡，进一步做好准备，决定采取"围困俟其自降"的方针。他一方面派遣提督马信率兵扎营台湾街围困荷军，一方面把各镇兵力分驻各地屯垦。同时，郑成功还到高山族人民聚居的地方进行巡视，受到当地人民的热烈欢迎。

五月二日，郑军第二梯队6 000人在黄安等将领的率领下，乘船20艘抵达台湾。郑军的兵力得到加强，供给得到补充后，从五月五日开始，在所有通向城堡的街道上都筑起防栅，并挖了一条很宽的壕沟，围困荷军。郑成功又三次写信劝揆一投降。揆一仍幻想巴达维亚会派

安平古堡内的郑成功塑像

兵增援，拒绝投降。

五月二十八日，东印度公司得到荷军在赤崁城战败和台湾城被围的消息后，匆忙拼凑了700名士兵、10艘军舰及一些军用物资前往救援。雅科布·考乌率领的荷兰援军，经过38天航行，于七月十八日到达台湾海面。他们见郑军战船阵容雄壮，踌躇不前，加之风浪很大，在海上停留了将近一个月之后，才有5艘战船在台湾城附近海面碇泊。其中"厄克"号触礁沉没，船上士兵被郑军俘虏。郑成功从俘虏口中得知荷兰援军兵力情况后，立即进行了攻打荷兰援军的部署。

七月二十一日，"评议会"决定：用增援的舰船和士兵，把郑军逐出台湾城，并击毁停泊在赤崁城附近航道上的郑军船只，以摆脱被围困境。荷军分水、陆两路向郑军发起进攻。海上，荷舰企图迂回郑军侧后，焚烧船只，反被郑军包围。郑水军隐蔽岸边，当敌舰闯入埋伏圈后，立即万炮齐发。经过一小时激战，击毁荷舰两艘，俘获小艇三艘，使荷兰援军损失了一个艇长，一个尉官，一个护旗军曹和128名士兵，另有一些人负伤。荷军其余舰船逃往巴达维亚。陆上，荷军的进攻同样遭到失败。此后，荷军再也不敢轻易与郑军交战。

就在郑军节节胜利之时，清朝福建巡抚李率泰竟顾民族利益于不顾写信给揆一：要求清、荷联兵作战，攻打郑军。"评议会"便派雅科布·考乌率舰前去联系，结果雅科布·考乌却托故统兵返回了巴达维亚。于是荷军打算与清军夹击郑成功的计划破灭了。

巴达维亚方面的援军迟迟不来，堡内荷兰士兵们陷入了莫大的恐慌之中，他们几乎见到死亡在临近，有些人企图投奔郑军以求活路。

一名投降郑军的荷兰军曹向郑成功介绍了城中的情况。他说自雅科布·考乌逃走后，城中不仅损失了一些战士和物资，而且军队的斗志全垮了。城中可用兵力不足400人，而且疾病死亡仍在蔓延。他建议郑军不仅要封锁，而且要利用城中惊慌疲惫的状态连续攻击。他还说，城墙建筑并不坚固，用大炮轰击，用不了两天就会轰开。郑成功采纳了他的建议，决定将封锁围困战术再

安平古堡内的炮台遗迹

安平古堡内城半圆堡壁及古井遗迹

次转为进攻。十二月六日，郑成功指挥大军重新发动对台湾城的猛烈进攻。陆路组成三个炮队，每队配置28门大炮，猛轰台湾城。在强烈的炮火下，台湾城的外堡——乌特利支堡变为一片废墟。

为使城内的荷兰殖民者尽快投降，郑成功切断了城堡的水源；同时，在乌特利支堡废墟上架起6门火炮，向城内轰击。

在城内，评议会再次召开了会议，29名成员中只有4人反对议和，25人同意立即投降。

揆一终于让步，决定与郑成功谈判，在合理的条件下献出城堡。

对于荷兰方面的议和书，郑成功指出，荷兰方面必须明确表明是"献城投降"，必须降下荷兰三色国旗；属于公司的财产，如军械、弹药、粮食、物品及一切财产必须交出，属于私人的财产除了巧取豪夺的珍贵文物外可以带走。最后，双方达成了18条协议。此外郑成功还同意了谈判代表的最后一个要求，即要在撤离时"击鼓、鸣金、荷枪、扬旗"。

顺治十八年十二月十三日（1662年2月1日）双方在协议上签字，荷兰人正式投降。当日，在台江岸边的沙滩上，战旗飘扬，鼓声阵阵，受降仪式正式举行。台湾城门打开，揆一带领荷兰官员走出来。揆一向郑成功交出了城堡的钥匙，献上了佩剑，以示弃械投降。当天中午，台湾城内降下了已经飘扬了38年的荷兰国旗。

收复台湾的民族英雄郑成功，在接受荷兰殖民者投降后，喜不胜收，题诗道：

> 开辟荆棒逐荷夷，
>
> 十年始克复先基；
>
> 田横尚有三千客，
>
> 茹苦间关不忍离。

寓兵于农　振兴宝岛

郑成功收复台湾后，便开始全力开发台湾和建设台湾。

顺治十八年（1661年）五月，郑成功改赤崁地方为承天府（今台湾省台南市），下设天兴（今嘉义）、万年（今凤山）两县，并任命官吏，清查田园人口，规定赋税。为了纪念他的家乡，郑成功将赤崁城改名为安平镇。于澎湖设安抚司。

要解决郑军长期存在的粮食问题，郑成功认识到必须从农业生产抓起。荷兰人投降后的第三天，郑成功带着何斌及官兵千余人，准备了10天口粮，到各地进行调查研究。

回到安平后，郑成功就召集各位将领，开了一个军垦会议，提出了"寓兵于农"的想法。

"寓兵于农"在我国有着悠久的发展史。秦始皇以前，兵民不分。人们有战争时当士兵去征战，无战争在

赤崁楼内的郑成功受降雕塑

在家耕田。秦始皇时，废除井田制，兵民开始分开：民，专门从事生产；兵，专管打仗。后来汉、唐、宋、元朝，屡年征战，军需要求很大，往往粮食问题没法解决。因此，善为将者，不得不组织军队自己生产。如诸葛亮在斜谷，司马懿在淮南，姜维在汉中，杜预在襄阳，都是处于两军对峙的时候，恐怕运转军需粮秣很困难，以致士兵饿肚子，所以都组织了军队屯田生产，这就是"寓兵于民"。

在当时的情况下，郑成功提出"寓兵于民"，无疑是非常正确的。

为了更好、更规范地实现"寓兵于民"，郑成功颁布了八条命令，对田地的开垦与分配，林木坡地的保护和捕鱼经商等，都做了规定。他特别强调，"兵"一定不要与"民"争利，尤其不能损害高山族人民的利益。文武各官圈地要"具图来献，薄定赋税"，即都要纳税。郑成功将八条命令刻版颁布，严格执行。

六月，郑成功分派各镇前往台湾北路、南路各地屯垦，发给6个月的粮饷，作为开垦费用。

他们开垦的田地，名叫"营盘田"，屯名就是原来镇营的名称，有些地方的名称至今仍在沿用。

"寓兵于农"之法，收到了兵强马壮、粮食充足的

安平古堡内的郑成功开发台湾事迹史述

效果。到康熙四年（1665年）台湾出现了栽种五谷，蓄积粮糗，插蔗煮糖，广备兴贩和"大丰熟，民亦殷足"的繁荣景色。

在郑成功的民族政策指导下，高山族农民接受了汉族兄弟传授的耕作技术，农业生产发展较快。以前高山族同胞不知道使用犁耙、耕牛，也不会使用镰刀收割。稻禾成熟时，他们一穗一穗地拔。郑成功接受杨英建议，每社派去汉族农民一人，发给铁犁耙锄各一副，熟牛（耕过田的牛）一头，让汉族农民教给高山族同胞使用工具的技术。高山族同胞亲眼看到先进耕作技术的好处，都高兴地学习，从而提高了社会生产力。

郑成功在实行"寓兵于农"政策的同时，也开始了全面建设台湾的各项举措。他不但兴修水利、开设文教，更大力发展贸易。

郑氏家族以海上贸易起家，长期以来海上贸易的收入是郑军军饷的重要来源。所以郑成功非常重视发展贸易。

通过发展贸易，郑成功不仅打破了清政府"平海五策"的封锁，还获得了更大的利润。因为"平海五策"使其在台湾海峡没有竞争者，他反而可以在贸易中独享其利。

郑成功还特别重视法制建设，严格执行法纪。

为了开发和建设台湾，郑成功颁布了垦田、建军、

郑成功塑像

建政各项法令，强调"法贵于严"，规定"如有违越，法在必究"。

郑成功也非常重视人才的选拔与应用。郑成功以"唯才是举"来作为考察人才的依据，而不在乎对方的门第、资历。对于有才学的人，郑成功非常重视。

康熙元年（1662年）春，正当他在复台后紧张地投入开发和建设台湾时，先后接到父亲郑芝龙和家人11口被清廷处死和永历帝在昆明被吴三桂杀害的消息，悲愤交织，积劳成疾，终于病倒了。但是他仍坚持和文官武将商讨治理、开发台湾诸事。他有时会挣扎着登上城堡

《郑成功收复台湾340年》纪念邮票

的将台，拿起望远镜，隙望澎湖诸岛和茫茫大海，寄托他对祖国的无限眷恋。他在临终前，还因未能完成抗清复明与建设台湾的事业而感到深深的遗憾。康熙元年五月八日（1662年6月23日），郑成功这位伟大的爱国者、民族英雄与世长辞，年仅39岁。

郑成功去世后，郑经继承父业苦心经营台湾。但由于内讧不断，清廷又不断进逼。康熙十九年（1680年），郑经被迫放弃厦门，退至台湾。

康熙二十年（1681年），郑经死于台湾，其长子郑克塽监国，继延平郡王位。

康熙二十二年（1683年）六月十四日，清靖海将军施琅（施琅后投清）率兵攻打台湾。郑军战败，郑克塽下令剃发降清。八月十五日，施琅进至台湾，台湾归入清朝版图。郑成功及其子孙与清军作战数十年，但清廷对郑成功等人的人格却极为敬重。康熙三十八年（1699年），郑氏子孙上书清廷，请将其遗骨归葬家乡。康熙皇帝对于郑成功矢忠明室的报国行动和气节十分推崇，他说："朱成功系明室遗臣，非朕之乱臣贼子。"遂派官员护送郑成功棺椁归葬福建南安，建祠祭祀。光绪元年（1875年），清政府在台湾建立延平郡王祠，赠谥"忠节"，以表彰他驱荷复台的不朽功绩。

位于南安市水头镇康店村覆船山上的郑成功陵园

中华爱国人物故事
ZHONGHUA AIGUO RENWU GUSHI